闇の世界金融の超不都合な真実

征司

徳間書店
5次元文庫
024

装丁　⑥Design
カバー写真　AFLO

ＦＲＢ（連邦準備銀行）は、メディアではアメリカの中央銀行として紹介され、その様々な決定が世界経済に大きな影響を与えています。

しかし、その実態は単なる富豪一味の私的所有物だったのです。

彼らは世界中で、その国の中央銀行を押さえるべく活動しています。

それは通貨の発行権を握ることが、彼らの計略を革新的に推し進めるからです。

ＩＲＳ（内国歳入庁）が集めた所得税は、１セントもアメリカ合衆国の国民のために使われていません!!

そのすべてが利子の支払いのために使われているのを突き止めたレーガン元米大統領は、暗殺の標的となりました。

今こそ、私たち1人1人が彼ら超富豪達の本当の企みをはっきりと認識すべきときです。

彼らの行きすぎた計画に、これ以上パワーを与えてはいけないのです。

この本では闇の世界金融の実態をインターネットを使って丹念に暴いて、皆さんにお知らせします。

詐欺師たちの計略と無縁に生きる道を模索しよう!!

それがこの本のたった1つの強いメッセージです。

まえがき

真実を伝えるメディアはもはやインターネットしかない!

皆さんは民主党の元大統領候補アル・ゴア氏の『不都合な真実』という映画をご覧になりましたか?

2007年のアカデミー賞最優秀長編ドキュメンタリー映画賞を始めとして、各地の映画祭を総なめにしました。ゴア氏の2007年のノーベル平和賞受賞に大きく寄与した映画です。

この映画は地球温暖化現象に対する彼の真摯《しんし》な姿勢を浮きぼりにしていて、私は非常に好感を持って見ていました。映画の終盤に近くに漫画の蛙《かえる》を使って1つのたとえを示している場面があります。

蛙をいきなりお湯の中に入れると、熱いので蛙はあわてて飛び出します。ところが蛙を水の中に入れておいて徐々に温度を上げていくと、最初飛び出したお湯の温度になっても蛙はお湯から飛び出しません。それればかりか、どんどん熱くなるお湯の中にそのままじっとしている。

この蛙のたとえを通じてゴアが言いたかったのは、徐々に変化する気候の変化に動物は気がつかないということだったと思います。人間という動物もまったく同じ。気候の変化のみならず、自分達が生活している社会環境が徐々に変化していっても、まったく気がつかないで蛙のようにじっとしているのです。本書では、そのわかりやすい事例をアメリカを舞台に紹介していきます。

国際金融資本家達の巧妙な策謀にはまっているのはアメリカだけではありません。日本も他人事ではないことがわかるでしょう。

ところで例の蛙は、人の手が画面に現れてお湯の中から引き出しました。ある程度熱くなってきたら我慢できなくなって蛙は飛び出してくると私は思ったのですが、ゴア氏が手を差し伸べたってことは、ひょっとしてゴア氏らが本物の蛙で実験したときには、蛙はそのままゆで上がってしまったってことでしょうか。

それはともかく、ゴア氏はまず現実に起こっている問題を人々に認識してもらい、そこから温暖化現象をストップするために、各人が実行できることをやっていこうと提案しています。

私もゴアにならって、読者の方々に現状を指摘することから始めたいと思います。多くのアメリカ国民が当たり前に思って生活している現在のアメリカ社会をお湯だとすれば、その温度がどれほど高くなっているのか。つまり私の住む現在のアメリカ社会が昔と比べてどれほど住みづらくなっているのかをお伝えしたい。お湯の温度が高いと感じるかどうかは、読者の判断におまかせします。

現在唯一の超大国であるアメリカをレポートした本は数多く出版されています。たしかにそれぞれが、超大国の複雑な特徴をよくとらえています。それは、在米生活30年に及ぶ私が保証します。現実のアメリカ社会では混乱する出来事ばかりが起こっています。人間だったら多重人格症と診断されることは間違いないほどです。

かつて明るく希望に満ちていた新興国を、ここまで追いやってしまった原因は何だったのでしょう。

現実を正しく認識したあとに、何がしかの行動を起こすかどうかは、読者しだいです。各々がどういう行動を選択するかは、個人の自由な裁量にまかされています。何もしないことも選択の1つですが……。

何もしないでこのまま熱いお湯の中で、苦しいながらも大過なく人生を過ごして終わりにするか。それとも反戦デモに参加しないまでも、折を見て自分の得た知識を知り合いに伝えるなど何がしかの行動に移していくか。

過去に学び現在を知ることによって未来への道も開けてくると言います。まず現在の状況を把握《はあく》し、そして過去の経緯をたどっていくことにします。アメリカ社会が修復不可能と思えるほどになってしまうまでに、実は何人もの先人達が一般国民に対して注意をうながしていたのです。

しかし当時のアメリカ国民はその警告に対して、〝何も行動しない〟という選択をしました。その結果が現在のアメリカなのです。

私は30年に及ぶアメリカ生活で現地の生の声を聞いてきました。既存のアメリカ現地レポートとはまったく違った観点からアメリカを論じ、この国に変化を生じさせた根本原因を探りあてようとしたのが本書です。

現在日本でもバブル崩壊を契機に急激な社会変動が起きています。この変化を生じさせている原因はアメリカの現況と非常に深い関係があるのです。

アメリカにおいてラジオ・テレビ・新聞等のマスコミは、完全に一部の人達のコントロール下にあります。日本の戦前の大本営発表と同じことが起きています。そこから流れてくる情報はまったくの嘘だったり、ある特定の意図の下、非常に偏《かたよ》ったものになっているのです。だからこそ世の中の真相を知る手段はインターネットしかないと言っても過言ではありません。

しかしそのインターネットにも徐々に政府の規制がかけられてきていています。特にアメリカの動画サイトのYouTube《ユーチューブ》ではそれが顕著です。政府にとって都合の悪いビデオが入るとすぐに削除されてしまう動きが、去年あたりから目だって多くなってきています。それでもまだまだ大本営発表のニュースの裏事情を知る手がかりを見つけることができます。

ただインターネットにおいては、膨大な情報が玉石混淆《ぎょくせきこんこう》に詰まっています。それゆえに時間をかけて丹念にチェックして、役にたつ情報を選び出す必要があるのです。時間をかけさえすれば必ず報われることは、自分の経験から自信を持って断言することができます。

時間をかけて探し出した多くの情報を私なりにまとめたのが本書です。本書を手にされた多くの人にとっては、にわかには信じがたいことが、いくつも出てくるかもしれません。最後まで読破されんことを切に希望するしだいです。

［参考にしたウェブサイトとビデオは以下の通り］

①第2次イラク戦争に関するビデオ

現地の女性や子供を含む多数の一般市民がこの戦争の犠牲《ぎせい》になっています。嘘で固めた大義名分を信じ込まされて現地に赴《おもむ》いたたくさんの若い米兵もまた、この無益な戦争の犠牲者と言えるのではないでしょうか。

軍事施設がない一般人の住む地域を攻撃するのは戦時国際法に違反しています。にもかかわらず、ドイツ人による第2次大戦中のV2ロケットを使ったロンドン市内への無差別攻撃や、アメリカが日本で行った無差別絨《じゅう》緞《たん》爆撃などの例があります。

●米軍の側から見ています。ナレーションはほとんどなく、哀愁ただよう音楽だけです。（5分4秒）

検索キーワード▼The War in Iraq

http://jp.youtube.com/watch?v=0aeCNEP6jpw

●これも米軍の側から見ていて、ナレーションはなく、写真集に近いです。（4分37秒）

検索キーワード▼War in Iraq 2003

http://jp.youtube.com/watch?v=myLZyaE7tBY

●Guerra はスペイン語で戦争です。反戦をテーマにした残酷な写真集です。（6分4秒）

検索キーワード▼Guerra in Iraq 2

http://jp.youtube.com/watch?v=mVTxkZCgwoo

●これも反戦がテーマで、途中のスペイン語の説明があります。（3分40秒）

検索キーワード▼La Guerra en Irak

http://jp.youtube.com/watch?v=vCndfSFn9m4

●イラクのバグダッド近くにある、アブグレイブ刑務所に収容されていた人達が、アメリカ軍から大変な扱いをされていたことが、内部告発によって発覚しました。ここにテロリストとして収容されていた人達の大半が、まったくテロとは関係のない一般市民だと言われています。（6分46秒）

検索キーワード▼ABUGHRAIB The True Story

http://jp.youtube.com/watch?v=lHUffE-6aU&feature=related

②２００８年の第80回アカデミー賞において最優秀長編ドキュメンタリー映画賞に輝いたアレックス・ギブニー監督の邦題『「闇」へ』をご覧になられることをお勧めします。ＮＨＫですでに放送しており、その映画の予告編です。

検索キーワード▼Taxi to the darkside,trailer

http://www.youtube.com/watch?v=WX0MPcN08Zc

③アイゼンハワー大統領が軍産複合体を指摘した辞任演説のビデオ

検索キーワード▼Eisenhower warns us of the military industrial complex

http://www.youtube.com/watch?v=8y06NSBBRtY

④BBCNews のページ

http://news.bbc.co.uk/2/hi/middle_east/4260894.stm

⑤カナダのニュース局ＣＢＣニュースワールドが、フランスの放送局制作の番組『オペレーション・ルナ』（英語のタイトル『ダークサイド　オブ　ザ　ムーン』）を取り上げました。２００３年と２００５年に放映した約43分のビデオが YouTube にあります。出演者（ほとんど実在の人達）の迫真の演技？　が見られます。それぞれが10分から5分余りの長さで№１から№５まであります。

検索キーワード▶Darkside of the moon（1-5）

http://www.youtube.com/watch?v=UbegH4HMafQ

⑥ニコラス・ロックフェラーがアーロン・ルッソ監督のビデオで、ウーマンリブのカラクリについて語っている映像です。

検索キーワード▶AaronRusso Architecture Of A PrisonPlanet (Pt.4)

http://www.youtube.com/watch?v=_cgl_N0THFs

同じく同時多発テロについて語っているビデオです。

検索キーワード▶Aaron Russo : Rock feller knew about 9/11 well in advance

http://www.youtube.com/watch?v=LZjKKUEHTKk

⑦連邦準備制度だけでなく、銀行システムについてのレポートです。英語版で3時間35分の長編です。

検索キーワード▶The Money Masters How International Bankers Gained Control of America

http://video.google.com/videoplay?docid=-515319560256183936

⑧ロックフェラー邸のツアーサイトです。画面が動いて、中の様子を見せてくれます。綺麗ですよ。Kykuit で検索するとすぐ出てきます。

http://www.hudsonvalley.org/content/view/12/42/

⑨アーロン・ルッソ監督の遺作。アメリカの国税庁に相当する内国歳入庁（ＩＲＳ）に関するド

キュメンタリーフィルム。（英語版1時間51分）
検索キーワード▶America Freedom to Fascism
http://video.google.com/videoplay?docid=-1656880303867390173
⑩政府の悪事を描いたビデオですので、いつYouTubeが削除するかわかりません。この原稿を執筆中の2月の終わりには、まだ見れました。
検索キーワード▶Lt. Col. BoGritz claims CIA drug dealing, July 1988
http://www.youtube.com/watch?v=1I31x-IIK4E
⑪ロスチャイルドのホームページ
http://www.rothschild.com/

以上は、本文中の該当箇所に＊①〜⑪を記してあります。また以下の動画もおすすめです。

⑫ツァイトガイスト（Zeitgeist）
http://video.google.com/videoplay?docid=-594683847743189197
⑬奥義に通じる覚書（Esoteric Agenda）
http://video.google.com/videoplay?docid=-1131942400352901009

参考図書

藤原正彦　『国家の品格』
マイケル・ムーア　『アホでマヌケなアメリカ白人』
ジェシカ・ウィリアムズ　『世界を見る目が変わる50の事実』
早坂隆　『世界反米ジョーク集』
リチャード・A・ヴェルナー　『円の支配者』
ジョエル・アンドレアス　『戦争中毒』
ジョージ・ハンフリー　『常識』(CommonSense)
三浦俊章　『ブッシュのアメリカ』

参考DVD

マイケル・ムーア　『華氏911』
アル・ゴア主演　『不都合な真実』
アーロン・ルッソ　『アメリカ：自由からファシズムへ』(AMERICA Freedom to Fascism)
ロバート・グリーンワルド　『イラク売ります』(IRAQ for SALE THE WAR PROFITEERS)
クリスティーン・ローズ　『自由への跳躍』(Liberty Bound)
ディラン・アベリー　『ルースチェンジ』(ファイナルカット版)

アレックス・ジョーンズ　『大詰め』（ENDGAME）
ウィリアム・ルイス　『第一級反逆罪』（BEYOND TREASON）

注：文中のドルと円の換算レートは、１ドルを１２０円として計算してあります。

闇の世界金融の超不都合な真実　目次

編集協力　小暮周吾
図版協力　伊達　巌
校正　麦秋アートセンター

第1章

国際金融資本家の策謀を見抜いていた先人からの警告

ロスチャイルド・ロックフェラー一味

9・11テロ以降、米国内で感じる重い空気

私が最初にアメリカの土をふんだのはジョージア州アトランタで、1978年の7月のことでした。仕事のかたわらアメリカを見物して、2～3年したら日本に帰ろうと軽い気持ちで渡米したのです。

しかし永住を決意するのに時間はかかりませんでした。着いたその日から町の人々の温かさに接しました。やがて南部なまりの英語にも慣れるにつれ町の様子がわかってくると、歩いていても感じるほどの自由な雰囲気に魅了されたからです。

3年後には永住権を手にして、生き馬の目を抜くと表現されるニューヨーク市に移りました。それ以来かけ足でしたが自分のペースを守って、今日にいたるまで、この地で27年の間を充実した生活を楽しく送ってきました。つらい時期もありましたが心の豊かさをそれなりに感じていたのです。

しかし、それが2001年9月11日に起きた同時多発テロ以降、町全体の雰囲気がとげとげしくなっていきました。それを日常の生活のあちこちにおいて、直接肌で感じるようになってきたのです。ニューヨークに限って言えば治安は以前よりも格段に良くなったのですが、この国全体の変化は顕著になりました。

対外的な面でも変化しました。1990年代から国内の経済事情がひっぱくしてきたことが影響しているのか、アメリカ政府はその解決策を国外にみいだします。〝グローバリゼーション〟の名の下に、自国の利益のために外国を食い物にしようとする。そうした意図がみえみえの経済政策を世界中に押しつけ、あげくの果てには、同時多発テロを口実にして他国に武力侵攻する。こうした愚行を犯し続けて、ヨーロッパも含めた世界中の国から嫌われるようになってしまったのです。

つい最近まで世界中の人々が、一度は行ってみたいとあこがれていたアメリカに対して、今世界中で反米・嫌米の動きがわきあがっています。

ブッシュ政権になってから実施された国際世論調査によると、米国に好感をいだく国民が多数を占める国は、世界中の200近い国々の中で、日本とイスラエルと一部のアフリカ諸国だけという調査結果が出ているのです。

イスラエルがアメリカに好感を持っているのは当然のことです。現在イスラエルの右派政党リクードの党首ベンヤミン・ネタニヤフ氏が首相在任時に、「アメリカ議会は俺の言いなりだ」と言いました。この発言からわかるように、アメリカ政府は過去に自国の利益を度外視してまで、何度もイスラエルの国益になるように動いています。アメリカに好感を持たない人がいたら罰があたるような関係なのです。

そしてアフリカの一部というのは、アメリカの良心的な民間団体が行っている難民救済や、貧困支援によって助けられている国々です。だから、この人達もアメリカに好感を持つのは自然なことと言えるのです。

それに引きかえ日本はどうでしょうか。原爆の実戦テストに使われたことから始まって、戦後歴代の政権がアメリカの腰巾着《こしぎんちゃく》のような政策を取りつづけました。5兆円もの国民の税金をつぎ込んだ銀行を10億円という嘘みたいな値段でアメリカ企業に売却。ブッシュのポチと言われた小泉首相が健全経営だった郵政事業を外資の餌《えさ》として提供。アメリカの51番目の州とまで表現されるほど日本全体のアメリカ化が進んでいます。アメリカに反感を持つことはあっても好感を持つ理由は、とりたててないはずなのです。

ナチスドイツの手法でマスコミを管理するアメリカ

特別な理由もないのに、なぜか日本国民の大多数が好感を持ってアメリカを見ている。その理由は、国家という概念を表す言葉が宿命的に持つ2面性を考慮しなければ理解できません。

通常、どこかの国名をあげてその印象を考えるとき、その国の風景や文化等のイメージ的な面と、その国に関連する事件や事故などの現実的な面の2つの側面を思い浮かべます。身近な例として中国に対する印象を考えてみましょう。ひんぱんに起きる毒入り食品の問題や一昔前に起きた反日運動といった事件のたぐいを思い浮かべる人は悪い印象を持ちます。反対にそんな現実問題など気にせずに良い印象を持つ人もいる。中国の長い歴史につちかわれた書画骨董《しょがこっとう》。地平線のかなたからかなたへ延々と続く万里の長城を始めとする、中国独自の文明の面影をしのばせる沢山の歴史的遺物。フランス料理と並び称される美食の数々。こうしたものを思い浮かべる人達です。

世論調査における日本人のアメリカに対する好感は、自由の国アメリカの持つ文化や風景などのイメージ的な評価です。対して、イスラエルとアフリカの一部の人達は、アメリカの政府もしくは慈善団体の行動に向けられた現実的な面に対する評価だったと思うのです。

日本以外の世界中の人々にとっては、イメージよりも、アメリカ政府の現実的な行動の方に強烈なインパクトを受けている。それで自由の国を連想させる良いイメージは遠くにかすんでしまったのです。

それでは日本人が、アメリカ政府、特にブッシュ政権になってからの傍若無人《ぼうじゃくぶじん》ぶりを容認しているかというと、決してそうではないと思うのです。

確かに長期の平和に慣れてしまったことから生じる平和ボケのために、日本国民の多くが事態の深刻さを正確に認識できていないという一面はあると思います。この大きなギャップが起きた一番の理由は、世界中のメディアで流れているブッシュ政権の悪行の数々が、日本では正確に流されていないからではないかと思います。

国内の80％を超える即時撤退を要求する声を無視して、現在アフガニスタンやイラクでブッシュ政権が行っている残虐非道な行為[*①]はインターネットでは見れますがアメリカ国内ではほとんど報道されていません。おそらく日本でも限られた報道しかされていない可能性は十分にあります。それはパリに本拠を置く機関が実施した調査（国境なき記者団2002年10月30日発表）からも明らかです。この種の調査では世界初の各国別の「報道の自由」に関する調査でした。米国は同時多発テロのときの報道管制が影響して17位となっているのですが、日本はなんと26位という低さです。アメリカ以上に報道が限定されていることが容易に想像できます。

私はマイケル・ムーア監督の『華氏911』を、日本語版と英語版の両方を見比べるチャンスがありました。そこで気がついたのは、日本語版は英語版ほど残酷感が残らないのです。不思議に思って映画の長さを見てみると日本語版は112分で、英語版の122分と比べて、丁度10分短い。どの箇所が切られているのか並べて見ていないのではっきりと言えないのですが、手が加えられているのは明白ですから、このあたりにも日本人が正しく事態を認識していない原因があるように思います。

2008年5月2日に世界の民主化状況を監視する米団体フリーダムハウスが、報道の自由に関する2007年度の報告書を公表しています。調査対象の世界195の国と地域の中で報道の自由が最も高かったのはフィンランド、米国は21位、日本は35位でした。検査機関が違うので調査基準も多少違いますが、数字だけ見ると日本は多少改善され米国は悪化しています。ちなみに中国は181位で、単独最下位は北朝鮮でした。

アメリカの歴代政権によるマスコミのコントロールは20世紀初頭に端を発しています。第2次大戦後にはかの有名なニューヨークタイムズ、ワシントンポストを始めとする大手の新聞は報道の自由を制限されました。ABC、NBC、CBS、CNNや新興のFOX《フォックス》ニュースも含めた主要テレビ局もまた政府の管理下に入ってしまっているのです。

また第2次大戦後の歴代アメリカ政府は、気付かれないように国民を誘導して、この巨大な国を自分達の思う方向に、舵取りを行ってきています。

この国民誘導を組織的・国家的に行ったのはナチスドイツが最初です。啓蒙・宣伝省の長官に任ぜられたヨゼフ・ゲッベルスの手腕によるものだったのは、皆様もよくご存知のことと思います。しかし戦後のアメリカがこのナチスドイツが系統化した戦術を駆使していることは知られていません。戦争を嫌う世論を何度も好戦派に転換させることに成功しています。アメリカが世界中で戦争をする際に不可欠の手段だったのです。

そして現ブッシュ政権はその最たる存在でしょう。同時多発テロ後に行った国民誘導は戦後の歴代政権の中では最大規模でした。好戦をあおるプロパガンダを用意して、マスコミを総動員して戦争ムードを盛り上げました。全米ラジオ局が、ジョン・レノンの名曲

『イマジン』を含む150曲もの平和をうたう歌を自主的に放送禁止にすることまでやりました。国民を好戦気分に持ち込むことに成功して、アフガンとイラクへの武力侵攻を可能にしたのです。

好戦ムードの流れに乗ってステルスを始めとする超ハイテク兵器を装備した地上最強の軍隊を、第2次大戦レベルの兵器しか持たないタリバン兵が守るアフガン地域に総動員しました。女性や子供や老人を含む罪もない一般市民を、貿易センタービルの死者数よりも多く殺害したのがブッシュ政権です。その無謀さにもかかわらず、90%の国民が賛成を表明するという結果が出ました。それに気を良くしたブッシュ達は次の標的イラクへ堂々と武力侵攻を果たすということになったのです。

アフガンとイラクへの武力侵攻は、国際世論の反対を押し切ってアメリカが強行。さらにイラクでのアメリカ軍の傍若無人の行動があまりにも度を越していました。こうした悪行が人々の記憶に焼きついて、世界中の人々が反米・嫌米の感情を持つにいたったのです。しかしブッシュ政権が非道の行いをしているのは外国に対してだけではありません。アメリカ市民に対してもその牙《きば》を向けているのです。

同時多発テロから一ヶ月半後にブッシュ政権が成立させた「米国愛国者法案」は、アメリカ国民が建国以来大事にしてきた憲法に保障された基本的人権を、ほとんど無にしてしまったのです。

それればかりか、自国の兵士に知らせないでイラクに大量に撃《う》ち込んだ劣化ウラン弾による放射能被害が、帰還した兵士のみならず家族にまで及んでいることが報道されても、救済の手を差し伸べようともしません。反対に退役軍人の医療費予算のカットを表明しているのです。もうブッシュのやることはめちゃめちゃなのです。

しかし重要なことは、こうしたことが今に始まったのではないということです。21世紀に入ってからのアメリカの急激な変化は、突然起こったわけではありません。その萌芽は20世紀の初頭に見られるのです。そしてそれに気がついた先人達が、国民に警鐘を鳴らしていたのです。本章で、これから詳しく分析していきます。

借金漬の新「奴隷階級」の誕生

ご存知のように1991年のゴルバチョフ辞任によるソビエト連邦の崩壊以来、アメリカ合衆国が世界で唯一の超大国として、世界の200ヶ国近い国々のトップに君臨しています。

〝沙羅双樹《しゃらそうじゅ》の花の色　盛者必衰の理《ことわり》をあらわす〟とその昔『平家物語』の冒頭にうたわれたように、歴史上いまだかつて繁栄が永遠に続いた国家は存在していません。このアメリカの繁栄もいつかは終焉《しゅうえん》を迎えるのは必然とは思うのですが、現実的にいつ頃から下り坂に向かうのかはまったく予想がつきません。

現在のアメリカの社会制度と経済制度を見てみると、激しい貧富の差、拡大する貧困層、巨大化する一方の貿易と予算の赤字、レベル低下が続く教育制度等、前世紀初頭に端を発した根の深い問題が山積しているのです。第2次大戦以来、世界経済を牽引《けんいん》してきた繁栄が、まがりなりにも今でも持続していることが奇跡としか思えないほどです。

しかし実力以上の値がついている株価も、ずいぶん前からそのうち暴落すると言われながら、今も右肩上がりを続けています。この国で30年間生活してきましたが、不景気を実感したことは過去にありません。1年中活況が続くニューヨークという特殊な場所にいるためかもしれません。差しせまった危機感をそれほど感じないのです。サブプライム問題にからんだ損失の拡大で多くの金融機関が多大な損益を計上し、株価の上下降が続く今日この頃でも、世界中から観光客が年間を通じて押し寄せてくる。

いかに私が、典型的な〝蛙〟であるか、今になってわかります。しかし私を含めて第2次大戦後に生まれた世代にとっては、物の値段が年々少しずつ上がるインフレは当たり前という感覚があります。また給料の3分の1が税金に持っていかれるのも当たり前、子供が出来ても夫婦共に働くのは当たり前と思っていて、異常な状況に慣らされてしまっているのです。

我々のお爺ちゃんの時代は電化製品などありませんでした。しかし奥さんが外に出て収入を得なくても、それなりの生活はできたのでした。

それがこの半世紀ほどの間に急激に変わってしまいました。その変化を当たり前として我々が受け入れてしまっているのは、学校で教えられた知識やメディアが意図的に流す一方的な情報を、そのままうのみにしてきたためだからと思います。我々が客観的な目で現実を判断するだけの知識がなかったのです。

アメリカ社会が抱える問題は広範囲に及んでいます。新しい社会現象として特筆すべきなのは、ごく少数の「支配階級」とその他の大多数の「労働階級」という、2つの新しい形の身分制度が静かに形成されつつあることなのです。

そしてこの大多数の労働階級の人達は、新しい形態の奴隷という見方ができるのです。人間が社会生活を始めた頃から奴隷は存在していたようです。つい150年ほど前まで奴隷は「人」としてではなくむしろ「物」として扱われ財産のように売買されていました。そして肉体的に拘束されて自由な移動が認められないのが普通でした。

しかし現代社会において出現した奴隷制の形態は「借金奴隷」と言われる存在です。反奴隷制活動家団体によると、世界中で2700万人が強制的に借金漬にされている。先進国の国民が使う日用品を日夜作らされているというのです。

これをいみじくも『戦争と平和』や『アンナ・カレーニナ』という大作を書いたロシアの作家レオ・トルストイが、100年も前に看破しているのですから、私は頭が下がる思いで一杯です。彼の言葉を紹介します。

「お金は、新しい形の奴隷制を生み出しています。新しい形の奴隷制は、主人と奴隷の間に人間関係がなく機械的であるという事実から、昔の奴隷制と簡単に区別できるのです」

ところで彼は、「過去も未来も存在せず、あるのは現在という瞬間だけだ」という意味の深い言葉を残しているのですが、ただの物書きじゃなかったことは確かなようです。

日本でも売春防止法以前に存在した、赤線《あかせん》と呼ばれた売春宿で働かされていた女性達が、この借金奴隷に相当するものだといえます。返済条件がきびしいわりに報酬は少ないので、どれだけ働いても借金はなくなりません。いつまでたっても抜け出せないままでした。

驚くことに、これと似た状況が現在のアメリカに起きているのです。

高校に入学する人間の半分が中退してしまうのが昨今のアメリカの教育事情です。とはいえ、高校、大学を卒業後、会社に就職、結婚して子供を産み、子供を育て上げてからリタイアするというのが一般的なコースです。しかしそのほとんど一生涯を毎月の支払いに四苦八苦しながら過ごしているのが、現在の一般的なアメリカ人の姿でもあるのです。

大学で借りた奨学資金のローン返済、家具や電化製品を買ったクレジットカードの返済、新車のローン返済、家のローン返済……毎月多大な支払いをこなしているのです。

それに加えて、平均的なアメリカ人は何らかの形で税金として、自分の全収入のほとんど半分近くを国と州に納めていると政府が発表しています。みかけはそう見えなくても大部分のアメリカの国民は、リタイアするまで一生のほとんどを首まで借金漬で暮らしているのです。

たしかに行動の自由があり、自分が決めた家に住み、旅行にも好きなときに行ける……しかし一生借金漬になっているのですから、彼らはまさしくトルストイの言う新しい形の奴隷制に、知らないうちに組みこまれてしまっているのです。

昨今、サブプライム・ローンという行き詰まるのがみえみえのローンの犠牲になった人が数百万人にのぼります。家まで取りあげられる寸前で、家族ともども不安な思いで毎日を送っているのです。

「働けど働けど我が暮らし楽にならざり」と読んだ詩人がいましたが、今のアメリカの大部分の人がその状態にあるのです。

しかしこれは急激に起こったわけではありません。その変化の兆《きざ》しは20世紀初頭に表れていたのでした。

古き良きアメリカの時代に生き、きたるべき変化の兆候を感知していた先人達がいました。彼らの忠告や嘆きを聞けば、現代社会がどれほど異常なのか、少しは理解できると思います。

メディア支配に対する警告

アメリカは多様な人種が多様な考えを持って生活しています。400年にもならない短い歴史の中で常に試行錯誤を繰り返しています。そして過去における政府のあやまちを素直にみとめて、軌道を修正していくという素晴らしい一面を持っています。

その1つの例が戦時中行われた日系アメリカ人の強制収容への対応です。

日系アメリカ人は敵国人とはいえきちんと税金を払い、市民として立派につとめを果たしていました。日系アメリカ人への人種差別に対して、戦後43年を経過した1988年にレーガン大統領が公式に謝罪しました。1人当たり2万ドル（240万円）の損害賠償と、このあやまちを教育の現場で教えるために12億5000万ドル（1500億円）の教育基金の設立を発表したのでした。

特筆すべきことは、このときレーガンが、日系アメリカ人だけで編制され、ヨーロッパ戦線で数々の軍功をあげ、陸軍部隊として最高の栄誉に輝いた第442連隊に言及して、「ファシズムと人種差別の2つの敵と戦い、両方に勝利した」とその働きを称えた演説を行ったことです。

ただしこれはマスコミが番犬“Watch Dog《ワッチ・ドッグ》”として正常に機能していた時代の話です。

米軍兵士の監視下、強制収容所へ列車で運ばれる日系アメリカ人の様子。

敵国民として財産を奪われ、１万人を超す日系人が隔離されたマンザナール強制収容所。

現在はマスコミの性質がずいぶん違ってきています。アメリカ社会の持つ良識が21世紀に入った今は、どの分野で働くかは予測ができませんし、機能しない可能性もあります。

話がやや横道に逸《そ》れますが、アメリカの自浄作用が動きはじめている兆しが、最近の映画界に見られました。映画界は厳密にはマスコミとは言えないかもしれませんが、多くの大きな映画会社はマスコミと同じ系列に入って、政府の指示の下に大衆洗脳の片棒を担いでいます。ですからこの動きは深い意味を持つと思います。

政府主導の大衆洗脳の例としては、同時多発テロ後に作られた映画『ワールド・トレード・センター』と『ユナイテッド93』があります。

その映画界の一大イベントにアカデミー賞がありますが、今年2008年に行われた第80回の最優秀長編ドキュメンタリー映画賞に輝いたのは、『「闇」よ』です。NHKですでに放送されています。アフガンのタクシードライバーがイラクに連行されてきて、刑務所で拷問されて5日目に死亡した事実に基づき、アメリカ政府の非道さを訴えた内容の映画[*②]でした。

このフィルムができたときに、まずディスカバリーチャンネルがテレビの放映権を買ったのですが、自分達は放映しないことを決めてHBOに放映権を売ったのです。

HBOが買ったのはアカデミー賞前でしたから、受賞に大いに喜んだHBOは今年の9月にテレビ放映を決定しました。ディスカバリーチャンネルよりHBOの視聴者は格段に多いので、結果的にはこの方が多くの人に見てもらえるので、よかったと思います。

その反面、劇場の一部ではすでに公開していますが、3月の初めにおいてニューヨーク地域ではマンハッタンで1ヶ所だけという寂しさです。

しかし全世界で話題を呼びました。2004年のカンヌ国際映画祭で最高賞のパルムドールを獲得したマイケル・ムーアの『華氏911』でさえも、アカデミー賞を受賞していません。完成後間もなくて存在さえ誰も知らなかった作品が、候補に挙《あ》がり受賞してしまったのです。この映画界の動きが大手マスコミにも波及することを祈りたいものです。

ルーズベルト大統領の警告「ロックフェラー達が世論を支配している！」

かつてマスコミの変節に気がついた第26代大統領セオドア・ルーズベルト（在職1901年―1909年）が、職をしりぞいてから語った重要な言葉があります。ニューヨークタイムズに掲載された発言を紹介します。

「これらの国際的な銀行家達とロックフェラーのスタンダード石油の一味が、強制して世論をまとめたり、又は表面に出ない陰の政府を構成している権力を持つ、腐敗した徒党の命令を拒否する公共職の役人を追い出すために、この国の多くの新聞とこれらの新聞の寄稿欄を支配しています」

次は、この記事を読んだ当時のニューヨーク市長ジョン・ハイラン氏が寄稿です。1922年3月26日にニューヨークタイムズ紙に掲載された長文の記事の抜粋です。

「セオドア・ルーズベルト氏の警告は、今日のアメリカだけでなく時代を超えたものである。我々の今日の社会における本当の脅威は、あたかも巨大な蛸《たこ》がぬるぬるした長い足を市、州、そして国までもおおいつくしているような、陰の政府である。それは我々の政府高官、立法議会、学校、裁判所、新聞社、そして一般市民を保護するために存在するあらゆる政府機関を飲み込んでしまっています」

「漠然とした一般論を抜きにしてはっきり言えば、この蛸の頭はロックフェラーのスタンダード石油の一味と、一般的に国際的銀行家と称する少数のパワーある銀行家達のことである。この少数のパワーのある国際的銀行家達は、彼らの利己的な目的のために、この合衆国政府を事実上運営しているのです」

「彼らは2大政党を支配し、政党の綱領を書き上げ、手先になる政党の指導者を養成し、私的な団体の指導者を使い、あらゆる方法を使って、腐敗した大きな企業の命令に従順な候補者だけが、政府の高官に指名されるように働きかけるのです」

2大政党政治が顕著に形だけになるのは第2次大戦後なのですが、この頃からすでにその傾向が出ていたことが、この記事から想像できます。

「これらの国際的銀行家達とロックフェラーのスタンダード石油の一味は、この国の大部

第26代大統領セオドア・ルーズベルトは、反トラスト法で独占資本を規制。1911年、ロックフェラーのスタンダード石油は連邦最高裁から解体命令が出され、34の会社に分割された。

オハイオ州クリーブランドにあったスタンダード石油第１製油所、1899年。

分の新聞と雑誌を支配しているのです」

これだけ明確に名前をあげると、現代では名誉毀損《めいよきそん》で訴えられるかもしれませんが、非常にわかりやすくて気持ちがいいです。

この国際的銀行家達とロックフェラーのスタンダード石油の一味は、あらゆるところに顔を出すので、以後ひっくるめて「国際金融資本家」と呼ぶことにします。

でもこんな記事を掲載する以上は、ニューヨークタイムズはこのときはまだ、今日のようには完全にロックフェラーの支配下に置かれてなかった、とも言えると思います。

人々が知るべきだと決めたことを報道する！

〝和《わ》を以《もっ》て貴《たっと》しと為《な》す〟を思想と行動の基本とする我々日本民族に対して、国際金融資本家達の原点には、産業革命以来の市場経済万能の欧米的「論理と合理」の影響があるようです。藤原正彦氏が『国家の品格』において、そう明確に指摘されていますが、わが意を得たりと私は大いに賛同するしだいです。

そして「世界中の先進国共通の荒廃現象である、環境の破壊、治安の悪化、犯罪の蔓延《まんえん》、家庭の崩壊、教育の崩壊等の現象は、西欧的な論理と近代的合理精神の破綻《はたん》に他ならない」と藤原氏は結論づけていらっしゃいます。まさしくその通りだと思います。

確かに氏の見解は間違っていないのですが、1つだけ見落とされていることがあるのです。

それはこの現代社会の荒廃現象は、前出の国際金融資本家達が意図的に作り出しているという事実なのです。

このグループの人達のことも彼らの最終目的も明確なのですが、藤原氏が「現在では立法、行政、司法の三権ですらマスコミの下にある」といみじくも書いているほどマスコミの影響力は強くなっています。しかも現代の欧米のほとんどのマスコミが国際金融資本の支配下にあるという事情ゆえ、彼らにとって都合の悪いことは絶対に一般の人達の耳には届かないようになっています。藤原氏さえ見落としてしまったのも無理のないことと言えます。

独裁国家だと話は別ですが、曲がりなりにも民主主義をうたっている国家においては、民衆の意思を無視するわけにはいきません。アメリカにおいても国際金融資本家達は、長い間抱いてきた世界制覇という目的に向かって、一般大衆をあざむくためにもう1世紀近くの長きにわたってマスコミを支配下に置いています。

別の項で紹介しますが、ロックフェラー家は19世紀のヨーロッパの金融を支配したロスチャイルド家の助けで今日の財を成すにいたりました。ロスチャイルド家とロックフェラー家は20世紀に入ってからしばしば共同で行動を取るようになりました。この両者に代表される国際金融資本家達が、アメリカのマスコミを牛耳ってしまったことが、良識あるアメリカの知識層まで騙されてしまっている大きな原因なのです。

そのアメリカのメディアのトップが持つ典型的な思想を紹介します。

「我々の仕事は、人々が知りたいことを報道するのではなくて、人々が知るべきだと我々が決めたことを報道することである」（リチャード・サラント　元CBSニュース社長）

分別があり間違いなく大学の卒業証書を持つ大の大人を、ここまで洗脳してしまう金融資本家達のやり方に、私は怒りを通りこして、むしろただただ感心するのみです。

次にアメリカ政界の陰の支配者で、帝王と呼ばれるデービッド・ロックフェラー氏が、マスコミに感謝している言葉を紹介します。

「ワシントンポスト、ニューヨークタイムズ、タイムやその他の偉大なマスコミの編集長が、我々の集まりに出席してくれて、（我々の方針に賛同してくれて）思慮深くしているという約束を40年もの長い間守ってくれたことに、深く感謝します。

もしこの期間中マスコミが我々のことを記事にしていたら、世界に焦点を合わせた我々の計画を進めるのは不可能だったのです。

今日において世界はより洗練されてきて、世界政府を受け入れる準備が整ってきています。

聡明で選ばれた人と国際的銀行家が民族や国家を超えて（地球を）統治する方が、過去何十年にもわたって行われてきた（国連のように）国家が寄り集まって決めるよりも、間違いなく望ましいのです」

彼の言葉に表れているように、ロックフェラーを含めた国際金融資本家達の目的は〝世界統一〟なのです。

ニューヨーク市の国連本部設立もその目的に沿った彼の尽力によるところが大なのですが、あくまでも国連は世界統一を達成するための前段階であって、最終的には国連とはまったく違った形態の統治体制を目指していることが、上記の文からうかがい知れます。

アメリカ政府のマスコミを使った世論操作は、第2次大戦直後に実施された「ペーパークリップ作戦」と呼ばれる軍とCIAの秘密作戦にさかのぼります。アメリカに連れて来られた1600人余りのナチスドイツの高官や科学者達によってもたらされた先端技術が使われたのです。

現代アメリカに引き継がれるナチスの大衆操作法

ヒトラーが率いたナチスドイツは、米ソに先駆けて実用ロケットV2の打ち上げに成功しました。テレビを世界で最初に実用化してベルリンで放送を開始するなど、色々な方面で進歩的な研究を行っていたことは広く知られた事実です。恐ろしいことにドイツ国民を誘導する目的で、心理学を応用した研究もしていました。

その大衆操作の中心になったのが啓蒙・宣伝省です。第1次大戦前のドイツは〝世界中の国がドイツの民主政治を手本とすべきだ〟とアメリカの政治学者が称えたほどの民主国家でした。そのドイツが、2〜3年の間にナチス党単独の独裁制で国をあげて突っ走ってしまった。その背景には、ヒトラーに才能を見出されて啓蒙・宣伝省大臣になったヨゼフ・ゲッベルスの力が大きかったことは有名です。

新聞やラジオ（テレビはまだ一般家庭には普及していなかった）だけに限らず、映画・出版物そして芸術まですべてのメディアを活用したやり方は、プロパガンダを芸術にまで高めたと言われます。戦後のソ連における共産主義発揚《はつよう》のプロパガンダや、アメリカ政府の帝国主義的行動を推し進めるための大衆誘導に大いに利用されたほどでした。

特に同時多発テロ以降のアメリカは、ナチスの復活と言われるほど全体主義国家的傾向が強くなっています。大多数の国民がそれを甘んじて受け入れてしまったのは、元をたどればゲッベルスが開発した大衆誘導にあるのです。

話は少し本題から逸れますが、同時多発テロ直後1ヶ月半後に、テロリストから国民を守るという口実の下にブッシュ政権が議会に提出した米国愛国者法を始めとする一連の法案によって、米国憲法で保障された国民の基本的人権がほとんど剝奪されてしまいました。この出来事は、1930年代のドイツで共産党が大幅に勢力を伸ばしてきたときに酷似し

ヨゼフ・ゲッベルス（ナチス・ドイツ初代国民啓蒙・宣伝省大臣）と戦時中の戦意高揚ポスター。「嘘も100回繰り返せば真実になる」としてナチスに都合のよい情報だけを流した。その国民洗脳技術は戦後アメリカのCIAに引き継がれ、「大量破壊兵器」「テロとの戦い」「ならず者国家」など今も悪用され続けている。

ています。ドイツ国会議事堂が放火された事件を共産党の犯行と断定（この放火事件は、ヒトラーの自作自演説もあり）して、共産党の魔手から国民を守るためと称して非常事態宣言を出しました。第1次大戦直後（1919年）に制定されたワイマール憲法に保障された基本的人権や、労働者の権利のほとんどが剥奪されるまでのプロセスに酷似しているのです。

周知のようにドイツはこの事件からナチスが勢力を拡大していきました。翌年の1934年にゲシュタポが設立されてから恐怖政治が始まり、5年後の第2次大戦に向かってまっしぐらに一党独裁の専制政治が続いていくのです。

中国よりも進んでいる!?　警察国家アメリカの人権侵害

一方ブッシュはテロ直後に米国版ゲシュタポと言われる国土安全保安省を設立させています。この機関は沿岸警備隊や航空管制局、シークレットサービス、国境警備隊を1つにまとめて発足され、ペンタゴンに次ぐ大きな規模を持っている組織です。大統領からの直接の命令で動き、24時間体制で活動しているのです。

この役所は、大統領が一般の会場で演説しているときに戦争反対の横断幕を持っていた学生達を逮捕拘束したり、車の後部バンパーに反ブッシュのステッカーを貼っていた人を取り調べたり、反戦の文句を書いたTシャツを着ていた人を逮捕したり……と例を挙げればきりがないほど、数多くの明らかな人権侵害を全米で行っています。

2000年の3月にはある男性がサウスダコタ州で、大統領の生命をおびやかした罪で逮捕され、2002年の9月から37ヶ月もの長期間、連邦刑務所に投獄されました。なんと彼の罪状は〝ブッシュを火あぶりにすることによって、神様は我々にその意思を表明するかもしれない〟とバーで飲んでいたときに冗談で言ったことなのです。

連邦の役所だけでなく、地方警察までもが一般民衆に対して強権を行使している事件が報道されていますから、この国全体が警察国家になりつつあるという強い印象を受けます。

アメリカはブッシュ政権になってから、極端に変化したのです。

ブッシュ政権は同時多発テロ後1ヶ月半で、342頁からなる米国愛国者法案を議会に提出したのを手始めに、各種の法案を成立させました。その結果、市民の基本的人権を剝奪することを行ったのです。1年後の2002年9月5日にニューヨークニュースデー紙には、「ブッシュ政権は同時多発テロ以来、数々の人権の剝奪を実施」と題して以下にリストアップしています。

〈同時テロ以降に法で制限された自由〉

［結社の自由］：政府は宗教上や政治上の組織を、テロの調査という名目がなくても、

盗聴などを含めて監視することができる。
［情報の自由］：政府は一度は公開された移民の聴聞会を非公開にしている。罪もない多数の人間を現在秘密裏に拘留していて、各省庁に情報公開法に従わないように指導している。
［言論の自由］：図書館員や各種の記録保持係が、テロ調査に関連して、政府が情報や記録の提出を求めたことを誰かに話したときは、政府は彼らを起訴できる。
［法的弁護権］：政府は連邦の刑務所に収監されている人と、その弁護士との間の会話を盗聴することができる。
［不当捜査を受けない権利］：政府はテロ捜査の名目において家宅捜索し、明確な理由がなくても書類や持ち物を押収することができる。
［迅速な公開裁判を受ける権利］：政府は無期限に、アメリカ国民を裁判なしで拘留できる。
［束縛されない権利］：アメリカ国民は罪がなくても、また証人の証言がなくても収監されることがある。

このようにアメリカはもう自由の国と呼べなくなっているのです。
そして議会に提出した法案だけでなく、議会が大統領に与えてしまった大統領令

（Executive《エグゼキュティブ》 Order《オーダー》）と言われる本来は議会が持つ立法特権を利用しています。ブッシュが世に送り出した各種の法令の内容を見ると、かなり怖い内容が並んでいます。

〈ブッシュの独裁的大統領令〉

［大統領令＃１０９９９］：政府にあらゆる交通手段を、管理・支配する権限を与えました。

［大統領令＃１１０００］：一般市民を出動させて、政府の監視の下に大きな隊を組んで作業に従事させる権限を政府に与えています。

［大統領令＃１１９２１］：大統領に自分の判断で非常事態を宣言する権限を与え、議会がその宣言に対して６ヶ月間調査することを禁止しています。

［上院法案＃１８７３］：テストされていないワクチンを、国民に強制的に接種させる権限を政府に与えようという内容です。

恐ろしい法案は他にもあります。ある下院議員が提出した法案（ＨＲ１５２８）には、一般市民の体に盗聴器をつけて、隣人をスパイする義務を課して、拒否した場合には最低2年間の実刑が科せられるとあります。

また財務省は、緊急事態と判断したときには国民の通貨、金、銀、その他すべての貴金属を含む金融財産を摂取する権限があると、2005年8月15日付けの文書で明記しています。

こういう政府の横暴に虐《しいた》げられて、泣きをみているのは罪もない一般大衆です。

2008年2月の終わりにアメリカの非営利調査団体がまとめた報告書によると、米国成人の100人に1人が刑務所にいるというのです。

アメリカのある報告書によると、全米で今年初めに収監されていた人は計230万人にもおよびます。2位が中国で150万人、3位がロシアで89万人となっていて、アメリカがダントツのトップなのです。

これを人口10万人あたりで比べると、さらによくわかります。トップは米国の750人で、ロシアが2位の628人で、3位はベラルーシの426人となり、巨大人口を抱える中国は消えてしまっています。

民主国家のはずのアメリカが収監数と収監率ともに世界一なのですから、警察国家の名に恥じない立派な数字です。

ちなみにこれを人種別でみると、黒人男性は15人に1人、ヒスパニックは36人に1人が収監されていて、中でも20歳から34歳の黒人男性の実に9人に1人が現在刑務所に入っているようです。この年代は結婚適齢期ですから、黒人女性の生涯の伴侶探しは競争率が高いでしょう。

以上の事実からかんがみると、現在のアメリカは、名実ともに世界一の警察国家になりはててしまいました。しかし、建国当時の理念は全く違っていたのです。

あらゆる戦争は銀行家が作り出す！

アメリカ独立の原因となった事柄は色々あります。英国からの重税の話は有名です。イギリス王ジョージ3世が海外でのたびかさなる戦争に必要な費用を英国銀行から借りていました。その巨額にふくれ上がった戦費の借金の支払いに際して、植民地のアメリカからしぼり取ろうとして税金を課したのが原因だと、学校の歴史の時間に教わりました。しかし真相は少し違っているようです。

そのことをアメリカ建国の父の1人、ベンジャミン・フランクリンは、はっきり言っています。

「一般の人が、金融をあやつる魔の手の餌食《えじき》にならないように、偽りのない金融制度を植民地において運営することを、イギリス国王ジョージ3世が禁止した。そのことが、独立運動のおそらく一番大きな原因である」と指摘しているのです。

その頃のアメリカ大陸におけるイギリス植民地では、現地で発行して植民地内だけで通用する通貨が流通していました。ところがジョージ3世がその通貨の使用を禁止して、代わりに英国銀行発行の通貨を利子つきで購入させて、それを使うように命令したのでした。するとそれまで活気があった植民地の経済がたちまちに落ち込みはじめました。失業者が増えて、物価が値上がりしはじめたのでした。

このときからアメリカの健全なる政治家と、金銭的な利益しか頭にないヨーロッパの銀行家とのしれつな戦いが始まったのです。

イギリス国内において金融資本家が起こしていた弊害をアメリカ独立の立役者らは熟知していました。

アメリカ憲法の主精神の主権在民を強く強調して、憲法の大部分を草案したと言われるグーブナー・モリスの言葉を紹介します。

「金融資本家は彼らの支配権を確立し、一般市民を奴隷のように扱うために奮闘、努力するだろう。

彼らは過去においてヨーロッパでそうやってきたし、これからもそうしていくだろう。もし我々が政府の力によって彼らを適当な領域に閉じ込めておかないと、他の国と同じようにこの国においても悪い影響が出るだろう」

建国の父の1人で第3代大統領トーマス・ジェファーソンもこう忠告しています。

「もしアメリカ国民が通貨発行を私立銀行にゆだねてしまったら、まず最初にインフレが起きて次にデフレが来る。彼らの祖父達が苦労して獲得したこの新大陸で、彼らの子供達

ベンジャミン・フランクリン。1777年のアメリカ独立宣言の起草委員の１人。彼も国際金融資本の魔の手からアメリカを守ろうと警鐘を鳴らしていた。

が家を失って路頭に迷うことになるまで、銀行とそれに関連して成長する企業が人々の財産を略奪するでしょう。」

アメリカ独立の頃、ロックフェラー家はまだ現れていませんが、ヨーロッパの金融はすでにロスチャイルド家によって支配されていましたから、ジェファーソンはその弊害をはっきりと認識していたのです。

フランスの英雄ナポレオン・ボナパルトは、この金融資本家をまったく信用していませんでした。

「与える者はもらう者の上位に位置する。お金には母国がない。金融家らは愛国心に欠けている。礼儀正しさもない。彼らの唯1つの目的は儲けることだけだ」

彼のヨーロッパ進軍の軍用金は、当時フランスの植民地だったミシシッピ川周辺地帯を、アメリカに3億ドル相当の金塊で1803年に売却して用立てられました。

それに対してロスチャイルド達は周辺のヨーロッパ諸国、プロシア、スペイン、帝政ロシアに大金を融資してナポレオンの侵攻に対抗させたのでした。

ナポレオンが自己資金を使いきりエルバ島に幽閉《ゆうへい》されたときには、ヨーロッパ各国政府には巨額の借金だけが残りましたが、銀行家とその関係企業は戦費の融資と軍需物資の用立てによって巨万の利益を得たのでした。

戦争は大量の軍需物資を必要とします。当事者もしくは当事国に軍用金を用立てる銀行と軍需物資を用立てる企業にとっては、利益拡大の絶好の機会なのです。

ナポレオンがエルバ島から脱出し再度決起したときには、ロスチャイルド達は「勝利した方が相手の借金も肩代わりする」という条件を付けて、ナポレオンと連合国側の両方に金を貸し出しているのです。

ナポレオンが看破したように、ある一部の人にとっては戦争はお金儲けの機会でしかありません。敵も味方も関係がないようです。

〝歴史は夜作られる〟という名言がありますが〝戦争は金融家達が作り出す〟と言っても決して言い過ぎではないかもしれません。

連邦準備制度がもたらす弊害に警鐘を鳴らしていた賢人たち

現在アメリカばかりでなく世界中のほとんどの先進国で、社会の荒廃と呼ばれる現象が観察されています。特に極端なのがアメリカです。

泥沼状態の原因は大きく分けて2つありますが、その1つはアメリカの中央銀行の働きをしている連邦準備銀行です。そしてそれを管理する連邦準備制度理事会が100％私立の企業であるということなのです。独立国家の中央銀行は政府のコントロール下にある国立の機関であるべきです。利潤追求を目的とする私的企業の形態では、百害あって一利なしです。

この諸悪の根源の連邦準備制度は1913年に立法化されたのですが、設立当初からその危険性は多くの政治家によって何度も指摘されていたのです。

〈①リンドバーグからの警鐘〉

大西洋単独飛行を成し遂げたことで有名なチャールズ・リンドバーグの父は政治家でした。1910年代にミネソタ州選出の共和党議員を務めていたのですが、金融資本家のたくらみに気がついていました。

「金融制度は、連邦準備制度理事会に引き渡されてしまった。この理事会はまぎれもなく暴利をむさぼるグループの支配で運営されている。この理事会は私営で、他人のお金を使って、最大の利益を上げるというただ1つの目的で経営されています」と警告。

彼は2冊の本を出しています。1913年の『銀行と通貨とマネートラスト』と、1917年の『なぜあなたの国が戦争に行くのか？』の両方で、銀行家達の利益追求によって一般の民衆が犠牲になっていると指摘。後者においては第1次大戦におけるアメリカの銀行による、戦争当時国への多額の融資を非難しています。

第３代大統領トーマス・ジェファーソン。彼もまた国際金融資本の恐さを熟知していた。

「独立宣言への署名」（ジョン・トランバル画）

〈②連邦準備制度を批判して毒殺されたマクファッデン〉

ペンシルバニア州選出の共和党議員で、1920年代に議会の銀行・通貨委員会の議長を務めたルイス・マクファッデンの言葉を紹介します。

1929年10月29日のウォール街の株暴落に端を発した、世界大恐慌の真っ只中の1932年6月10日に、アメリカ議会で行った演説です。

彼はこの25分の演説で、今回の世界大恐慌は連銀が意図して起こしたものであるということと、ロシア革命の成功はウォール街の銀行家が、アメリカ連銀と欧州の中央銀行を使って資金を用立てた結果であると話しています。

「わが国には世界中で過去に存在した数ある有害な制度の中で、最悪なものがあります。私は連邦準備制度のことを言っています。この悪魔の制度は、合衆国の国民を貧乏にします。そして事実上合衆国政府を破産に追い込むでしょう。それは理事会をコントロールする金持ちのハゲタカによる腐敗した策略によって、成し遂げられるのです」

彼は大学を卒業して最初の職場が銀行で、頭取にまでなりました。その後、政界に転向して議員になってからも銀行・通貨委員会の議長を務めていたので、金融の仕組みと問題点に詳しかったようです。また反ユダヤ主義者として広く知られ、常日頃からユダヤ人がアメリカ経済をコントロールしていると非難して熱心に行動していたのです。

ユダヤ人と国際金融資本家はイコールでしょうか。国際金融資本家にとっては、マネー

ルイス・マクファッデン議員は、連邦準備制度のカラクリを暴露。アメリカ国民に喚起を促したが、国際金融資本家の不都合な真実を明かにした彼は口封じに暗殺された。「連邦準備銀行が合衆国の政府機関であると思っている人がいる。これらは政府機関ではない。自らの利益と外国の顧客の利益のために、合衆国の国民を食い物にする私的信用独占企業体だ。連邦準備銀行は外国の中央銀行の代理人である。『これら金融業者たちの目的は、消滅不可能な債務の創造による世界支配である』とヘンリー・フォードは語った。真実は、連邦準備制度理事会と連邦準備銀行を操作する傲慢な信用独占によって連邦準備制度理事会が合衆国政府を強奪してしまった、ということである」（1932年6月下院議会での演説）

の次元での見方がすべてですので、人種は関係ないし、宗教も関係ありません。ユダヤ人という概念はある意味国際金融資本家に操られて、都合のいいように利用されている面があると思います。いずれにしろ、彼が議会で長く活動していたら、サブプライム問題で全世界の金融界がぐらついている現在の状況も少しは好転していたと思います。この反骨の人は、世界大恐慌は連銀に連なる金融資本家が引き起こしたことを見抜いて、連銀に対する弾劾決議を議会に提出しようとしていた矢先に、帰らぬ人となってしまったのです。

彼はこの記念すべき演説の4年後、1936年10月1日からニューヨーク市に滞在していたのですが、そこで風邪を引いたのでインフルエンザ用の薬を服用した直後、心臓が停止。2日後の10月3日に60歳の生涯の幕を閉じているのです。

これは風邪薬と偽って毒を盛られて暗殺されたのではないでしょうか。彼が命を狙われたのはこれが初めてのことではなくて、過去にワシントンで2回も危機一髪で助かっているのです。一度は待ちぶせされて、タクシーを降りたところを短銃で撃たれたのですが、幸い弾は彼を逸れて助かりました。2度目はパーティーで口にした物に毒が盛られていたのですが、その場に医者が居合わせてすぐ胃洗浄を行って一命を取りとめたことがあったのです。3度目は旅先で油断していたのかもしれませんが、命取りになってしまいました。

〈③ライト・パットマン〉

テキサス州選出の民主党議員で、1930年代に議会の銀行・通貨委員会の委員を務めたライト・パットマンの言葉を紹介します。

「今日の合衆国には2つの政府が存在する。1つは正当に設立された政府、もう1つは憲法によって議会に与えられた通貨発行を管理する連邦準備制度、という独立したコントロールできない協調性のない政府である」

このもう1つの政府は過去の例を見てみると、国民の利益を優先するよりも自分達の利益のために国民を食い物にしているのが現実です。

〈④バリー・ゴールドウォーター〉

1964年に共和党の大統領候補にもなった上院議員バリー・ゴールドウォーターの言葉です。

「大部分のアメリカ人は、国際金融資本家達のやっていることをまったく理解していません。そして連邦準備制度理事会の会計は、いまだかつて監査を受けたことがないのです。この理事会は議会のコントロールのきかない存在であります。そのうえよその国からの合衆国の信用、信頼を悪くしています」

第2次大戦前だけでなく戦後にも、国際金融資本家達の悪行を非難している政治家はいるのですが、大手のマスコミが取り上げないので、決して一般市民がその警告や非難の言葉を聞くことはないのです。

〈⑤ポール・ボルカー〉

金融の舵取りのうまさから、ウォール街から名指揮者を意味するマエストロの尊称をたてまつられたのが、前連邦準備制度理事会議長アラン・グリーンスパンです。その前任者で、1979年から1987年までの8年間連邦準備制度理事会議長を務めた、ポール・ボルカーの言葉を紹介します。

「平均的な中流層のアメリカ人の生活水準は、間違いなく下降線をたどります。……誰もそれから逃げ出すことはできないのです」

サブプライム問題が起こったことで初めて、中流層が没落している現状が表面に出てきましたが、ボルカーにとっては30年近く前からわかっていたことのようです。

ところでこのサブプライムという新しい形のローンは、グリーンスパンが現役のときに商品化されたものです。問題が表面化してから質問された氏は、破綻するとは予測できなかったと答えていますが、このローンの内容を聞けば素人の私にも危険なのは一目瞭然です。彼の前任者がこのシステムがもたらす結果を明確にわかっていて、それを彼が知らないはずがないですから、これは単に逃げ口上でしかないのです。

アイゼンハワー大統領の軍産複合体に対する警告

諸悪の根源のもう1つは軍産複合体と言われる存在です。この化け物の危険性を最初に指摘したのは、第34代大統領ドワイト・アイゼンハワーです。彼は、第2次大戦においてヨーロッパ戦線で連合軍最高司令官としてナチスドイツと戦い、勝利を勝ち取った働きと、飾らないまじめな性格が高く買われました。それで本人は固辞したにもかかわらず周囲にかつぎ出されて、大統領になりました。

彼は軍人ですから、この新しく興ってきた軍産複合体の持つ危険性におそらく誰よりも早く気がついたようです。現役の大統領としては色々な制約があったのか任期中は何も言わずにいました。自分の8年の任期が終わり、ケネディーにバトンタッチする直前の1961年1月17日に、大統領官邸からラジオとテレビを使って全米に実況中継で放送された辞任演説の中で、その危険性をアメリカ国民に喚起したのです。

彼はそのスピーチ[*③]の中で、こう言っています。

「この巨大な軍隊と軍需産業の共同体は、このアメリカが経験したことのない新しいものです。(中略)我々はその危険をはらんだ密接な関係を理解することをおこたってはならない。この軍産複合体が必要のない影響力を取得し、それを議会に行使してくるようになるので、我々政府の議会は自分達を守らなければならない。大変な不幸をもたらす見当違いな権力が増大していく可能性があるのです。この複合体が我々の自由と民主主義の体制を危険におとしいれるのを、手をこまねいて待っていてはいけない。

国民全員が警戒していれば、賢い市民は巨大な軍需産業から供給された軍用機器を使った防衛と、（そういう軍用機器を使わない）平和的な方法を用いたゴールの違いを比べることができるようになります。平和的な解決方法を使ってこそ、安全と自由がともに繁栄するのです」アイゼンハワーは明確にその危険性を述べているのです。

幸か不幸か彼の危惧《きぐ》が当たってしまいました。彼の辞任演説後50年経った現在、アメリカの外交政策は、軍と軍需産業の共同体によって支配されていると言っても決して過言ではないのです。

「もしこの（大統領執務室の）椅子に座る者が、私ほどには軍のことについて知識がなかったら、どうぞ神よ、この国を助けてください」残念ながらアイゼンハワーのこの祈りは、2008年の現時点ではまったく神に通じていないようです。

アメリカは真珠湾攻撃の前までは、第5代大統領ジェームズ・モンローが提唱した米欧相互不干渉を基調としたモンロー主義を外交の柱としていました。アメリカ連邦軍はアメリカ大陸内にとどまっていましたから、国内の鉄を使った製造業は武器をたくさん生産してはいましたが、国の政策に口出しするほどの武器・兵器製造産業は存在していなかった

第34代大統領ドワイト・アイゼンハワー。第2次大戦中、西ヨーロッパ連合軍の最高司令官をつとめた。辞任演説で「軍産複合体」がアメリカに及ぼす悪影響に警鐘を鳴らした。「やむを得ない事情であったとはいえ、我が国は途方もない規模の恒久的な軍需産業を創りだしてしまったのです。そればかりか国防関係機関に勤務している人員は今や男女あわせて350万人にも達している。我が国が軍事による安全保障に毎年費やす金額は、この国の全企業の所得総額を優に超えている。でもそれが重大な問題をもたらしかねないことを、忘れてはなりません。なぜなら我々が汗水たらして働き、様々な資源を投入し、生計を立てるという暮らしの営みが、すべてこれに絡めとられてしまっているからです」（『紙の風船爆弾2005年8月号』より引用）

のです。

しかし第2次大戦においてヨーロッパが戦場となり工場が破壊された結果、状況は一変。無傷だったアメリカの国内産業が戦後になって武器・兵器の製造と販売も含めて、世界中の復興需要に応えてフル稼動しました。決済はもちろんドル。また石油メジャーを牛耳るロックフェラーが石油の決済をドル建てとしたことが大きく影響して、これ以後イギリスのポンドに代わって、ドルが国際通貨の地位を獲得していったのです。

軍事経費ダントツ世界一のアメリカこそ〝ならず者国家〟だ！

戦争は景気を刺激します。朝鮮戦争やベトナム戦争によって日本経済が急激に上昇したことを、覚えていらっしゃる年配の方も多いと思います。アメリカには全米いたるところに軍需産業の工場や軍の基地や軍事施設があります。国防予算の増減は全米くまなく地方経済に大きな影響を与えるのです。

アメリカ国内に残っている数少ない製造業の1つである自動車製造業は昨今元気をなくしています。それで飛行機製造を含めた武器・兵器の製造が唯一の活気の続く産業となってしまい、アメリカ経済が軍需産業に依存する率は非常に高いのです。

冷戦中はソビエト連邦とアメリカの両国が、世界中の武器・兵器の供給に大きな役割を果たしていました。1991年にソビエトが崩壊した現在、アメリカがダントツの〝死の商人〟になっています。ちなみに2000年の兵器売買の数字ですが、アメリカが186億ドル（2兆2320億円）、2位がロシアで77億ドル（9240億円）、3位がフランスで41億ドル（4920億円）となっています。

第2次大戦中のアメリカは、軍備増強の必要性があって軍需費を計上していましたが、現在では事情が逆転してしまいました。巨大になった軍需産業を養っていくために軍備を拡張する必要があり、そのために巨額の国防費の計上をせまられているのです。

戦前と戦後の違いを兵力の面から比べてみると、第2次大戦前は正規軍には17万人の兵隊しかいなかったのが、現在は正規軍が140万人、その他に予備役と州兵を合わせて250万人という大兵力を擁する巨大な生き物に成長しているのです。

そしてこの兵隊を、国連加盟国192ヶ国のうち130ヶ国、750ヶ所に何らかの形で駐屯させているのです。

ちなみに軍事関係の資料で世界で最も信用されているのは、ストックホルム国際平和研究所が発表しているデータです。2006年度の世界の軍事経費の総合計は1兆158億ドル（121兆8960億円）です。国別の1位はもちろん米国で、軍事経費は5407億ドル（64兆8840億円）で世界の軍事費の半分を使っています。

これは2番目に多いイギリスの9倍強の金額で、ちなみに3位はフランス、4位が中国で、日本は420億ドル（5兆400億円）使って堂々の5位に入っています。

ロシアには昔日の面影はなく342億ドル（4兆1040億円）で、7位です。

どうやら日本はロシアを軽く抜いた軍事大国のようです。ただし装備の面だけですけれど……。

それを如実に示す事故が2008年2月19日に起きました。イージス艦を漁船にぶつけるなどという、とてもじゃないけど考えられない人的ミステークです。あまりにも高価なので装備に二の足を踏む国が多い中で、アメリカ以外では日本が世界で最初に導入しました。スーパーハイテク機器を搭載しているにもかかわらずひどいミスです。これで北朝鮮（朝鮮民主主義人民共和国）のみならず中国に対しても自衛隊が張子のトラであることがバレてしまったのは明らかです。

ところで日本の国防予算の5兆円という金額がいかに大きいか。巨大なトヨタの2007年の売り上げは23兆円を少し超していますから、トヨタの売上げと比較すると実感できると思います。

ゴルフ接待ぐらいでこの大きなパイの取り分が増えるのだったら、接待漬の毎日でも安いものです。

アメリカが国防に使う金額を別方面から見ると、アメリカが〝ならず者国家〟と呼んだキューバ、イラン、イラク、リビア、北朝鮮、スーダン、シリアの7ヶ国の国防費の合計の、33倍以上にのぼります。アメリカの軍需産業はこれだけ巨額の税金を、毎年飲み込んでしまうほど巨大化しているのです。いったいどちらが〝ならず者〟なのか……。

クリントンが減らした国防予算を増やすための同時多発テロ

平和時には国防予算は減っていくのが当然です。冷戦が終結した結果、クリントンの時代には国防予算とともにCIAの予算も削減され、それにつれてCIAの規模も縮小されていったのは、必然的な流れと言えます。

この事態に危機感を抱いた軍産複合体とCIAが、ちょうどその頃政府内に勢力を伸ばしていたネオコンと協議。国防費増強の必要性を説いた意見書をクリントンに提出したのが、2000年のことでした。

そしてブッシュが大統領になった最初の年に、〝タイミングよく〟同時多発テロが起きました。それによって、CIAの予算は増え国防費にいたっては以後毎年増強の一途をたどっています。

軍需産業と軍が一刻も早く国防費増強を必要としていました。そのことは、同時多発テロ直前の2001年9月5日にラムズフェルド国防長官が、1980年代以来最大となる前年度比11・5%の上げ幅を持つ2002年度の国防予算を早々と提出し、それを認めるように上院に頼んでいることからもわかります。

そしてそのとき彼はアメリカ本土防衛の重要性について語り、テロの脅威（テロが起こるのは6日後なのです）とミサイル攻撃について警告を発したと国防省は発表しています。ラムズフェルドは記者団に「今回の予算請求は認められるという確信がある」と語ったことが報告されています。

それまで毎年減り続けてきた国防費がそのときに限って突然大幅に増額されたのです。議会の予算委員は訂正するように彼にアドバイスしたのですが、ラムズフェルドの言は正しく、同時多発テロを背景とする国民の意識の変化によって、増額した予算はそのまま認められたのでした。

ところで多くの読者には信じがたい事かもしれませんが、同時多発テロはアメリカ政府の極端なまでの秘密主義によって、いまだに解明されていないことが数多く存在します。事件後7年を経過した現在までに明らかになった様々な事実をつなぎ合わせていくと、つじつまの合わないことばかりです。あまりにも矛盾する事実の多いことが知られてきているのです。政府発表によれば犯人は19人のアラブ人テロリストとされていますが、死亡したはずの犯人が、生きているケースもある。9・11の同時多発テロのおかしさについては、次回作で徹底的に分析します。

ジョージ・ブッシュのかつぎ出しから始まって同時多発テロの遂行、そしてアフガン、イラクへの軍事侵攻という一連の動きはすべてつながっています。ネオコンを中心とした、軍需産業を母体とするグループが、長い期間をかけて協議して、綿密に立てた計画の下に引き起こされたのが9・11の事件です。もちろんその裏には、国際金融資本家のボスであるロックフェラー、ロスチャイルドらが控えているでしょう。そう見ていくことで初めて、バラバラに散らばっていたパズルがすべて組み合わさって、大きな絵が見えてくるのです。

本題から少し離れるのですが、その複雑きわまる計画の第一段階である、ブッシュを大統領に当選させる情報工作がどうなされたのか。総力を結集した作戦は非常に面白いですから、少し長くなりますが紹介します。

ブッシュを大統領にさせる必勝大作戦の手口

ブッシュを大統領に当選させるために、巧妙な準備がありました。2000年の大統領選挙において共和党が使った手の込んだやり口には、何が何でもブッシュを当選させるという彼らの意気込みが強く感じられます。

第1段階は、民主党の票を少なくする策略です。

この線に沿った行動は、①全国規模と、最後の決戦と見られた②フロリダ州の2つがあります。

〈①全国規模での選挙〉

全国レベルでの本番の選挙ではブッシュとゴアの獲得した代議員の数は伯仲していました。それが最後の大票田であるフロリダ州が天下分け目の戦いになった理由です。専門家の間では民主党支持者の票が緑の党から立候補していたラルフ・ネーダーに流れたことは公然の事実です。ネーダーが立候補していなかったらフロリダに行く前に、ゴアの勝利が確定していた公算が大きいのです。

社会運動家として大企業の利益本位の姿勢を糾弾《きゅうだん》して、正義の味方のように思われていたのがネーダー氏です。その人が大企業とお金持ちの味方である共和党を助けるようなことはするはずがないと思いたいのですが、ネーダーの大統領戦出馬はブッシュ必勝大作戦の一部と私は断言できるのです。

なぜそういえるのか。ネーダー氏が最初に出馬したのは〝プロジェクト：同時多発テロ〟とも呼ぶべき準備活動がスタートする1996年です。この年は再選を目指す民主党ビル・クリントンと共和党ボブ・ドールの戦いのときで、彼は出馬を表明しただけで選挙運動をまったく行いませんでした。その理由は、このときの出馬は2000年の本番に備えるための単なる布石として、無駄な選挙運動など始める気がしなかったのと、誰かに丸め込まれてこの年以降の毎回の大統領選出馬を承諾してしまったネーダーが、半分ふてくされ気味だったからだと思います。

本番の2000年の選挙では、彼は国庫補助がもらえる5％の得票率を目指して必死に選挙運動を行いました。結果的には全国レベルで2・7％の得票率を得たのみで補助金はもらえませんでしたが、民主党の票を食ってブッシュ勝利に大きく貢献したのです。次の2004年の現職ブッシュとジョン・ケリーの戦いは、前回の二の舞を恐れた民主党がネーダーに出馬を辞退するように働きかけました。だがうまくいかず、ケリー本人までが直接彼に会いに行って頼むということまでやっています。が、ネーダーはにべもなく断っているのです。

結果は皆様のご存知のように、ブッシュの勝利です。

ネーダーは100％勝ち目のない選挙に毎回出馬しているのですが、彼がやっていることといえば民主党の票を食っているだけです。私から見ると、イラク戦争を続行したい軍需産業と軍の上層部（一般の兵士は、何の意義も見出せないイラク戦争から撤退すべきだという意見が大勢を占めてきています）と、国際金融資本家を彼は助けているとしか思えないのです。

余談になりますが、このネーダーが2008年の選挙に出ると2月の終わりに報道されたのですが、もし彼が出馬することになったら、アメリカ政界の陰の支配者は民主党政権の誕生を望んでいないということになります。

しばらくは自衛隊の無料の給油活動がインド洋で続きそうです。

〈②フロリダ州での選挙〉

関ヶ原の戦いになったのはフロリダ州です。民主党の票を減らすための直接の行動がありました。

後にブッシュの選挙運動の副委員長になる人物が、フロリダ州の選挙を管理する立場の州務長官だったときに、フロリダの選挙人登録名簿を入手。元重犯罪者は投票権がないというフロリダ州法を利用したのです。1999年に名簿の中から元犯罪者の疑いのある人間17万人以上を選挙人名簿から永久削除したのです。

何の根拠もなく疑いがあるだけで削除された人の半分以上は黒人だったのですが、中には単なる軽犯罪によって捕まった人や、一度も逮捕などされていない人達までもが何千人も含まれていたようなのです。黒人は民主党びいきですから、民主党のアル・ゴアの投票を少なくするためには非常に有効な手段だったと言えます。

自分の投票権が削除されていることを知らないまま投票に出かけて、投票所の入り口でストップされた人がたくさん出たのは当然の成り行きです。この一件から始まる共和党のペテンを見ていくと、万が一の場合の2重3重のバックアップ作戦が用意されているのがわかります。

この州務長官は17万人の削除では足りないと思ったのか、他の州の重犯罪者名簿を取り寄せて、その州からフロリダ州へ引っ越したという名目で8000人の名前を削除することまでしています。重犯罪者名簿を渡した州はもちろん、ブッシュの地元テキサス州です。

大量の選挙人名簿の削除で勝利を確信していたのか、投票日が来て開票が進んでいる間はブッシュ陣営に大きな動きはなく静かだったのです。ところがテレビがゴア優勢を放送し始めるやいなや、慌ててブッシュ必勝大作戦チームは活動を開始したのです。

共和党びいきで知られる兵隊に海外不在者投票を呼びかけるために、チームは急いで海外の駐屯地や軍艦に向けてメールを送りました。

3000近く集まった票の80%がブッシュに入ったので、不在投票数においてゴアを上回る票を得たのです。その中には日付が投票日の翌日だったり、また他の理由で全不在者投票数の無効投票が3分の1近くもあったのです。

それに気がついたゴアが、選挙管理委員会に対して、海外不在者投票の有効な票だけを数えるべきだとクレームをつけました。祖国のために海外で働いている兵隊達を切り捨てる行為だ、という声が全国レベルで共和党議員からも出始めました。しかしゴアが選んだそのときの民主党副大統領候補から、票を数えなくてもいいではないかという声が出るにおよんで、ゴアはおとなしくひっこんでしまったのです。

ちなみにこのときの民主党副大統領候補は、ユダヤ人です。ブッシュ担ぎ出しを画策しているネオコンにもユダヤ人が多くいます。中にはアメリカとイスラエルの二重国籍の者もいます。

ゴアは強大な集票組織を持つユダヤ人の票を取り込むために、ユダヤ人を副大統領候補に選んだのですが、ゴアの人選はここでは裏目に出てしまったのです。

第2段階は、マスコミの攻略です。

開票が進むにつれて、CNN、ABC、CBS、NBCの4大テレビ局すべてがゴア優勢を伝えていました。アメリカ中の誰しもゴアの勝利を確信しはじめていました。ところが、投票は締め切られ集計がまだ終了していない時点で、突然FOXニュースが〝公式発表です。ブッシュが勝利しました〟と報じたのです。

するとそれまでゴア優勢を報じていた4大ニューステレビ局が、どういうわけかFOXに続けとばかりに立て続けにブッシュ勝利を放送したのです。

このあたりの事情は、マイケル・ムーアの『華氏911』が詳しく描いていますから、興味のある方はぜひ見てください。

このブッシュ勝利を声高に宣言したFOXニュースの社長は、ロジャー・アイレスという長年放送畑を歩いた人物です。ニクソンから始まってレーガン、〝パパ〟ブッシュ、ジュリーアーニの選挙時に共和党の選挙参謀として、彼らの当選に大きく貢献してきた男です。

そしてこの局の選挙速報責任者のジョン・エリスは、誰あろうブッシュの従兄弟《いとこ》なのです。

このFOXニュースという会社の設立は1996年です。この1996年という年は〝同時多発テロの準備〟がスタートした重要な意味をもつ年なのです。既存の4大ニューステレビ局の一角にいきなり食い込んできて5大ニューステレビ局の1つになったこの局は、ブッシュの勝利を宣言するこの瞬間のために設立されたようなものだと、私は確信しています。

その理由は、FOXニュースというこの会社の名前そのものにあります。

日本語に訳すと、〝狐ニュース〟ですよ！

オーナーのルパート・マードックは世界有数のメディア王です。映画会社の20世紀フォックスを所有しているとは言え、FOXニュースという社名を決めた人は、非常に正直で嘘のつけない人だったのでしょうか。あるいはブラックジョークの大好きな人物で、間違いなくこの会社設立の目的、つまりブッシュを勝たすために国民を騙す目的を、理解していたはずです。でなければ日本人にとっても狐は人を騙す動物であるばかりか、英語の口語でも、「欺く、騙す」という意味に使われるFOX《フォックス》などという、人を食った名前を報道機関に命名できるわけがありません。マードックはオーストラリア生まれですがユダヤ人です。しかし必勝大作戦がここで終わると思ったら大きな間違いで、この次の第3段階があるのです。

選挙の公正さを保つために、フロリダ州の最高裁は選挙管理委員会に票の数え直しを指示しました。当然のこととしてアメリカ中がその結果を待っていたところ、突然連邦の最高裁が出てきて、票の数え直し中止命令を出し、そのうえブッシュ勝利を宣言したのです。

連邦の最高裁の判事は現在9名で大統領が任命権を持ち、一旦任命されると解任されることはない終身制です。任命してくれた大統領に肩入れする傾向がありますが、このときの構成は共和党系が7人に民主党系が2人だったのです。

明らかに共和党のインチキで投票の公正さが失われた。それなのに、最後の場面で出てきた最高裁が票の数え直し（全部正しく数えたらゴアが勝っていたと言われています）をストップした挙句《あげく》に、軍配をあげたのが共和党だったのです。一連の大統領選挙騒動は、この国の司法まで腐敗している現実を如実に示してくれました。

ネオコンを中心として、共和党が総力を挙げてブッシュ当選に動いていた。不正に終始した選挙の結果を、あのアル・ゴアは素直に受け入れてしまったのも不思議です。これは同時多発テロからスタートするアメリカの改造計画推進のために我慢しろという指示が、陰の支配者達からゴアに届いたからと断言できます。

余談ですが、このとき彼はよっぽど悔しい思いをしたのか、選挙後は地球温暖化現象に関する調査に打ち込み、その結果を2006年に公開したドキュメンタリー映画『不都合な真実』に結集しました。彼はこの環境がテーマの映画の中で、このときの選挙の結果を自分は受け入れたけど、絶対に同意しないと明確に述べています。

この共和党全体を巻き込んだ一大選挙違反に、はらわたが煮え返るほどゴアは悔しい思いをしたと推測します。しかしこのインチキのバックに陰の支配者がいるので表ざたにはできない。考えた末に地球温暖化をテーマにした映画を作ることにして、その中に挿入すれば堂々と全世界に公表できることを思いついたんじゃないでしょうか。

映画の中盤あたりまで美しい地球がテーマの画面が続いていたのが、いきなりアメリカの議会の映像にシフトしたときにはビックリしました。ゴアの無念さがその短い映像から、強烈な波動を出していたように思います。

さて本題の金融資本の話に戻ります。ネオコンが長い期間計画を練って実現にこぎつけたかいがあって、同時多発テロ以降のアメリカは国防費が増強されました。そればかりか、一般市民の人権を蹂躙《じゅうりん》する各種の法律が制定されて政府批判ができなくなってしまいました。すべてが金融資本家達の計画通りに動いています。

日本の皆さん、私は声を大にして何度でも叫びます。ブッシュは選挙で選ばれた大統領ではありません！

ブッシュは、小学校4年生レベルの頭脳の、元アルコール依存症の中年男です。そんな人間を担《かつ》ぎ出して、ホワイトハウスに住まわせるまでの一連のプランが立案され実行に移された。こうしたネオコンの働きを『プロジェクトX』の最終回で取り上げていたら、この番組の有終の美を飾れたのは確実です。NHKは残念なことをしました。

ところでこの不正選挙に気がついて、立ち上がった立派なアメリカ人が多勢いたのです。選挙の翌年1月20日に行われた大統領就任式において、2万人にのぼる人達が抗議のプラカードを持って、全米からワシントンDCに集結しました。口々に選挙の不正を非難し、ブッシュの乗る防弾ガラス張りの車にトマトや生卵をぶつけたのです。

国際金融資本がアメリカを使って実現させたのが同時多発テロ

ここで米国同時多発テロの真相の要点をかいつまんで簡単にまとめて紹介します。21世紀に入ってからアメリカが大変貌した直接の原点であり、また後世の人達がこの時代を語るときには見落とせない重要な事件です。

2001年の9月11日に起きた同時多発テロは、ブッシュが〝テロとの戦争〟という半永久的に消えない敵を相手の、〝この先50年は終結することのない戦争〟（ディック・チェイニーの言葉）を宣言するきっかけとなりました。一般にはオサマ・ビン・ラディンに率いられた、アルカイダに関係するアラブ人テロリスト19人によって引き起こされたことになっています。しかしすでに書きましたが真相はまったく違うのです。

詳細を説明するとそれだけで1冊の本ができるほどです。簡単に言うとアルカイダに属するアラブ人テロリストは、中東の核兵器を持つ某国の諜報機関によって操られていたようなのです。これにアメリカ政府が協力したことであの大惨事が起きたのです。もちろんこの場合のアメリカも某国もその実体は国際金融資本家達の傀儡《かいらい》です。

もう少し具体的に言うと、国際金融家達は、世界最強の国アメリカを使って中東の某国の強敵アラブをつぶすという計画を長い間いだいていたのです。冷戦終結後の国防費の減少に頭を抱えて打開策を模索していた「軍産複合体」と「軍部」と某国に強いつながりを持つ米政府部内の「ネオコン」で協議した結果のシナリオが同時多発テロだったようなのです。

アラブ人テロリストを仕立てあげて、それを使ってアメリカを攻撃する。その報復を口実に、アメリカが石油戦略の一環として悲願だった、アフガンとイラク（国際金融資本が最も恐れた独裁者サダム・フセインが君臨）へ堂々と軍事侵攻する。こうして某国とアメリカの双方の目論見を満足させる計画が出来上がったのです。

この計画の概要を、米国政界の陰の支配者で帝王とも呼ばれるデービッド・ロックフェラーに説明して許可を得たのが1993年頃でしょう。そして具体的な計画を詳細にまで詰めて、準備行動がスタートしたのが先ほど説明した1996年のことなのです。

アメリカを使って強敵イラクをたたく計画は、長い間（少なくとも1980年以前から）あたためていたものでした。具体的なプランも詳細にいたるまですでにできていました。

その計画にはソ連のアフガン撤退以降活動していなかったアルカイダを、新たにアメリカの敵として復活させることと、アメリカの繁栄の象徴であるニューヨーク市の一番のっぽの貿易センタービルに、アルカイダの名前をかたらせたニセのテロリストを使って、ハイジャックと見せかけた飛行機をぶつけさせるということまで含まれていたのです。

この詳細な実行プランは大きな流れがあります。

第1段階としてブッシュを大統領にすること。

第2段階として同時多発テロの遂行。

第3段階としてアフガン・イラクへの軍事侵攻と、米国愛国者法案を皮切りとする一連の人権制限に関する法案の立案。そして大幅な国防費増強を盛り込んだ予算案作成までもが盛り込まれていたのです。

その具体的な準備の着手は、1996年にまでさかのぼります。

①貿易センター第7号棟の23階へニューヨーク市長ジュリアーニ直属の緊急対策指令本部の建設。

②ブッシュの弟マービンが会長を務める警備会社による貿易センター全体の新しい警備システム設置。

③FOXニュース社設立。
④ラルフ・ネーダーの大統領選挙出馬。
この4つがスタートしました。

綿密なプランに裏うちされた同時多発テロが成功したことによって、某国の思惑通りにアメリカはアラブの雄イラクをたたきました。外交戦略の最重要課題である石油支配のための足がかりができたのでした。

特にイラクのサダム・フセインは、世界第2の埋蔵量を誇る石油をバックにして強大な軍事力を有していました。地球上から某国の抹殺を公言していた独裁者で、中東の雄として某国が一番恐れる存在でしたから、彼の排除は石油支配をもくろむアメリカと某国の相方に共通の利益になったのです。

アフガニスタン侵攻の目的は2つあります。そのうちの1つはタリバン政権の排除です。世界第2の埋蔵量を誇るカスピ海周辺からの、石油と天然ガスのパイプライン敷設計画に同意しなかったのがタリバンです。その証拠にタリバン排除後のアフガン新政権の大統領にはアメリカが指名したハミド・カルザイが就任しています。彼は、パイプライン敷設を実行することになっている会社ユノカルの、元コンサルタントなのです。そしてもう1つの理由は第2章で紹介します。

洋の東西を問わず、国政をあずかる政府が何かをたくらんでいるとき、真の理由とはまったく違う理由を前面に出してくるのが常です。
最近の日本の例では、アメリカ政府から2004年の時点で文書による要請があったのをひた隠しにして、郵政民営化が断行されました。国民の利益のためという錦の御旗を掲げて、国論を二分し反対勢力を強引に抑えました。郵政民営化を推し進めた小泉政権は記憶に新しい例です。アフガンとイラクへの武力侵攻の口実もテロリスト退治とか、大量破壊兵器が危険だからとか、もっともらしく耳ざわりのいいことを言っていましたが、直接の理由はズバリお金なのです。

それでは次の章で、同時多発テロ以降劇的に変化を遂げてしまった、アメリカの実態を皆様に紹介したいと思います。

第2章

アメリカに巣くう軍産複合体、FRB（連邦準備銀行）、CFR（外交問題評議会）――アメリカの超絶実態

借金が増える一方のサラ金国家アメリカの生活実態

アメリカ経済はおおむね好調です。アメリカの一般的な家族は広い庭と食器洗い機付きの家に住んでいます。最新の車と最新式のプラズマテレビを始めとする電気製品をそろえ、家族それぞれがパソコンを持ち、週末になると郊外の別荘へ行ったりパーティーに出かける。このようなミニチュア版のアメリカンドリームを楽しんでいるように見えますが、外見上だけなのです。

現実には家、車、家具のローンに加えて電気製品を買ったときに使ったクレジットカードの支払いに、毎月のように四苦八苦している生活を送っているのです。

アメリカでは平均的な収入がある大人だったら、4、5枚のクレジットカードを持っているのは当たり前です。カードの年利は普通で15%～30%近い数字で、商品購入に使ったときは20%以下の年利もあります。現金を借りたりすると間違いなく20%以上、カードによっては30%近い年利になるものもあるのです。

日本では100万円以下の金額の上限は年利18%と決められています。こちらアメリカでは30%という日本では悪徳高利貸と世間から後ろ指をさされかねないほどの、高い利子を平気でチャージします。大変においしい商売なので、大銀行が手を出して大きな利益をあげているのです。そしてクレジットカードと免許証さえあれば、現金は非常に簡単に引き出せるのです。

言い方を換えれば、チェースやシティやバンクオブアメリカ等の大銀行が、クレジットカードを使って小口の消費者金融をやっているのです。ですから日本の武富士やアコムのような消費者金融の専門業者がこちらにはまったくありません。

アメリカはつい最近までは貯蓄率が世界一でしたが、今では貯蓄額は先進国の中では最低です。1930年代にはアメリカ国民の4分の3以上は借金もせず、ローンの支払いもなく自分の土地や家を所有していました。ところが、1990年代になるとその数字は10%に満たなくなってしまったのです。

1987年を境にして、アメリカの家庭は財産よりも借金の方が多くなってしまい、以来その負債額は年々増える一方なのです。

アメリカ会計検査院によると、平均的アメリカ人が何らかの形で払っている税金は、全所得の48%にのぼるそうです。

所得の半分を政府に納めているのですから、自分の生活に回す分が少なくなるのは当然です。そのうえマスコミに踊らされて、やれ外食だ、やれ車の乗り換えだ、やれバケーションだと金のかかるばかりの遊興を中心とした高いレベルの生活を送っていますから、借金が増えるのは当然の成り行きと言えるのです。

これも実を言うと、国際金融資本家達の壮大な世界戦略の一環です。全国民を借金漬けにして一生涯働き蜂としての生活を送らせようとしているのです。

国民が年々貧乏になっている問題を含めて、現在のアメリカが抱えている多くの問題の根本はシンプルです。すでに書きましたが1つは軍産複合体で、もう1つは連邦準備銀行なのです。この2つこそが、アメリカを内側から腐らせている元凶です。

軍産複合体――アメリカを食い物にする悪の元凶その1

軍産複合体は、アメリカ国防総省を中心とした戦争で利益を上げる企業体の集まりです。世界中のどこでもいいから戦争を始めたくて鵜の目鷹の目で機会をねらっています。戦場はアメリカ国外ですから、国内的には出征している兵士の家族以外にはあまり影響はないように見えますが、アメリカの経済全体に及ぼす影響は大きいのです。

戦争にはたくさんの兵隊が動きます。食料はもちろんとしてコカ・コーラなどの飲み物から洗濯用洗剤にいたるまで、生活物資の供給には大きなお金が動きます。いったん戦争が始まると戦争特需という言葉があるくらいに景気が全般的に上昇しますから、恩恵をこうむる企業は様々な分野に及ぶのです。やはり一番儲かるのは使用された銃弾や、ミサイルの補給を請け負う兵器産業なのはもちろんです。

しかし良い面ばかりではありません。世界130ヶ国に駐屯するアメリカ軍を維持する費用は大変な金額になります。それがこの国の経常赤字の1つの原因にもなっているのです。何よりもこの連中の恐いのは、自分達の目的達成のためには、手段を選ばないことです。戦争を勃発させるためであれば、一般人の苦しみなど、それがたとえ自国民の苦しみであっても、まったく気にしません。

過去にいくつもの独立国を、自分達の都合のよいようにもてあそんできた事実からもうかがい知れるのです。

モンロー主義（米欧相互不干渉主義）を宣言して以来、欧州各国がアメリカに干渉してこないのをいいことに、1898年から1934年までの36年間やりたい放題派兵しました。アメリカはキューバに4回、ニカラグアに5回、ホンジュラスに7回、ドミニカ共和国に4回、ハイチに2回、グアテマラに1回、パナマに2回、メキシコに3回、コロンビアに4回と計32回も中南米諸国に軍隊を送っているのです。

そして多くの国において占領軍として時には何十年もとどまります。軍隊が引き上げるとき、たいていの場合、アメリカに友好的な独裁者を置き土産にします。そのうえ独裁者に好きなだけ軍隊を与えて、その国の国民を抑圧するがままにさせておくということを繰り返してきたのです。

そういう精神構造は現代に続きます。同時多発テロのように、自国民を含めて3000

人もの一般市民を犠牲にする事件を、平気で起こすようなことにつながっているのです。過去にアメリカ軍が中南米を中心にして世界各国で起こしてきた非道の数々は、目に余るものがあります。

その1つ、1915年に、農民の反乱を鎮圧するために米軍はハイチに侵攻しました。新聞報道によると、そのときアメリカ海兵隊は、無防備のハイチの村々の上空から飛行機で機関銃を撃ち込んだそうです。屋外の食料マーケットにいる男、女、子供達をスポーツをするかのように撃ちまくり、反乱が鎮圧された頃には合計で5万人の民間人が殺されたとのことでした。

当時のアメリカの軍隊は、成長いちじるしかったアメリカ企業が中南米で事業を拡大するための手助けに使われていました。ある海兵隊の将軍は引退後に、「私は33年と4ヶ月の間ずっと軍務についていた。そしてその期間のほとんど、大企業やウォール街や銀行家達の高級用心棒として働いた。まぁ、一言で言えば、資本主義のためのゆすり屋、やくざだったということだ」と述懐しているほどなのです。

戦争は好景気をもたらすが、借金もかさむ

たしかに戦争は景気を刺激します。軍需産業の繁栄は経済的にはよい結果を生んでくれ

るように見えます。しかし実態は大幅な経費の無駄使いや水増し請求や架空請求によって巨額な税金の無駄遣いが行われています。その大きなつけがすでに一般大衆に回ってきているのです。

この国の双子の赤字は昔から有名です。とくにブッシュ政権になってから、外国からの借金額の大きさは歴代政権の中でも、ダントツなのです。

1776年のアメリカ独立から2000年までの42人の大統領が作った外国からの借金の合計は、10億1000万ドル（1212億円）にのぼります。とりわけ2001年から2005年の5年間で43人目の大統領が1人で作った外国からの借金は10億5000万ドル（1260億円）になるのです。

この大幅な赤字は軍事関係の出費が大幅に増えているのが主な原因です。もうこの国の天文学的な赤字の額は、破綻とか破産とかというなまやさしい状態をとっくに超えている。既存の経済学理論上では、これだけの巨額の赤字を抱えた国が、現在も機能している正当な理由は説明できません。経済学者でさえこの国がこの先どうなるのか意見がまちまちで、まったく予測がつかない状態にあるのです。

軍需産業の大幅な水増し請求はレーガン大統領の時代に発覚し、当時議会でずいぶん問題になったのですが、今回のイラク戦争においても同じことが繰り返されていることが報告されています。

軍需産業は外国に武器・兵器を売るだけでなく、アメリカ軍の内部で必要な日常物資も供給しています。レーガン時代に発覚したスキャンダルの内容は、利益しか頭にない軍需産業の体質を知るうえで非常に参考になります。

レーガンはスターウォーズ計画として知られる半空想的な戦略防衛構想を立案しました。その影響で彼の任期中に国防費は急激な増加をみました。

そして国防費がらみのスキャンダルがいくつも発生しました。一例としてトイレの便座1個に6000ドル（7万2000円）、コーヒーポット1個に3000ドル（36万円）といった非常識な金額を請求して、それを政府が支払っていたことが発覚したこともありました。これなどは自社の金儲けしか頭にない、軍需産業の体質を如実に物語る好例ではないかと思います。この体質は今でもまったくあらたまっていないのです。

現在イラクでは、国民の撤兵を求める声を無視してアメリカ軍の駐留が続いています。軍隊だけでなく民間企業に働く10万人のアメリカ人がイラク国内に存在しています。

2003年に始まった第2次イラク戦争は、爆弾テロによる米兵の犠牲者が毎日のように国内で報道されました。その結果、正規の兵隊の死傷者を減らすための策として、従来は軍人が行っていた作業を民間企業に下請けに出しました。それで、これだけ多くの民間人が必要になってきたのです。

一般のイラク人を閉じ込めて虐待していることが発覚したアブグレイブ刑務所の警備の

一部は、ブラックウォーターという民間企業が請け負っているのを始めとして、その他にイラクに来る要人警護という軍人の仕事も民間業者がやっているのです。

イラクで働く民間人は、軍人が1ヶ月でもらう給料と同じ額を1週間で稼いでいますから、生命の危険があるにもかかわらず応募者は多いようです。給料の格差がわかると軍人は面白くないでしょう。イラク駐在の軍人のやる気が落ちているという報道がありましたが、自然の成り行きではないでしょうか。

また元来は石油掘削業者のハリバートン（チェイニー副大統領が社長を務めていた会社）が軍隊の食事の準備を請け負い、飲み水やシャワーの水を供給しています。しかし非常に管理がずさんで、67ヶ所の飲み水の消毒設備のうち63ヶ所でまったく消毒されておらず、飲み水からマラリア等の病原菌が見つかったことが報告されているのです。

また軍の上層部から各自の制服や下着の洗濯禁止令が出されました。なんと一袋の洗濯代としてハリバートンは99ドル（1万1880円）という金額を軍に請求しているのです。兵士達は個人で洗濯した方が綺麗だし3ドル（360円）もあればできて早く仕上がると不平を言いながらも、軍の命令に従ってハリバートンに出しています。

元ハリバートンの従業員としてイラクで働き、今はアメリカに戻ってきた多くの人の証言があります。トレーラー車が故障したら部品を取り寄せて修理して使うよりも、爆破して新車を購入して軍に請求書を回すのが通例なのだそうです。またフル装備で4万500

0ドル(540万円)ほどの車を購入しておいて、25万ドル(3000万円)の請求をするのだそうです。

それによって、来年の国防総省からもらう金額を増やすのが目的と考えられますが、この種の行為は税金の無駄使い以外の何物でもありません。軍が何も言わないで請求されるままに支払っているのは、何がしかの形で軍の高官にも利益が届けられているからとしか思えません。

またこの法外に高い金額が、一般国民の血税から支払われていることは大きな問題です。企業というのは利益を出すことが一番優先されるので、経費節約を常に考えています。そのために現場でのトレーニング期間の省略や、監督する人間の省略等が行われています。それで従業員には高給が支払われているにもかかわらず、現場に出てから実際の役に立っていないという深刻な問題が生まれているのです。

戦争というのは戦っている当事者双方にとって(敗者にはもちろんですが勝利者にとっても)、大変な犠牲をしいられるものです。しかしなぜ戦争がやまないかという理由はいくつかあって、パレスチナやインドとパキスタン紛争のような宗教がからんだ例もありますが、やはり大きいのは経済的な理由、お金です。

日本では景気の刺激のために公共事業を実施します。以前はアメリカもニューディール政策にみられるように大規模な公共事業がありました。今のアメリカにおけるその役目は戦争が取ってかわっています。防衛予算が増えますから軍需産業が潤うのは言うまでもない。たしかに戦争は広範囲な産業に好景気をもたらしてくれることは前述した通りです。第2次大戦直後の朝鮮戦争やベトナム戦争のおすそ分けは日本にも及び、戦後の驚異的な経済復興の起爆剤になったのは周知の事実と思います。ベトナム戦争の当事国同士には大きな傷跡ができましたが、この戦争は高度成長が始まったばかりの日本の経済的な成長を手助けし、後にいざなぎ景気と名付けられたほどの長期的な好景気をもたらしてくれたのでした。

戦争を利用して敵と味方の相方で儲ける銀行家

戦争をお金の側面から見ると、表に出てはきませんが大きな利益を得ているのが銀行です。戦争前と戦争中を通じて必要な戦費を当事国に調達し、戦争後は敗戦国の荒廃した国土や経済の復興事業に融資する銀行です。

古今東西、戦争を遂行するには大変な費用がかかります。銀行は戦争の当事者相方に戦費を調達するのが今までの通例です。どっちが勝っても利益が出るようにしているのです。金融資本家にとって戦争ほど大きな利益が出るものはありません。とくに近代になってからの欧米における戦争勃発の裏には必ずと言っていいほど彼らが潜んでいるのです。その例をアメリカ連邦準備制度が設立された1913年以降にアメリカがからんだ大きな3つの戦争、第1次大戦と第2次大戦とベトナム戦争を例にとって紹介します。

〈①第1次世界大戦で儲けた銀行家――ルシタニア号事件〉

アメリカには第5代大統領ジェームズ・モンローが提唱した、モンロー主義と呼ばれる一種の孤立主義の外交基本政策がありました。南北アメリカ大陸以外への軍隊の派兵は、アメリカ議会が許しませんでした。

ちなみに日本の真珠湾攻撃まで堅持されたこのモンロー主義というのは、1823年にモンローが議会への年次教書演説の中で発表したものです。本音はヨーロッパ諸国の植民地となっていた中南米諸国へアメリカも進出したかった。当時戦争の続いていた中南米諸国の宗主国であるヨーロッパ諸国に対して、「アメリカはヨーロッパの争いには干渉しないから、その代わりに南北のアメリカ大陸に起こることには干渉しないでくれ」という、いわゆる米欧相互の不干渉の約束を一方的に宣言したものです。これをきっかけにアメリカの中南米諸国への進出が本格化していきます。

1914年、サラエボでのオーストリア皇太子暗殺に端を発した第1次大戦は、主にイギリス・フランスの連合国とドイツの戦争でした。当時の大統領ウィルソンは中立を宣言したのですが、これは表面上のことにすぎません。水面下では外交問題担当の相談役のエ

イギリス船籍の豪華客船ルシタニア号。沈没の背後に、アメリカ参戦の思惑があった。

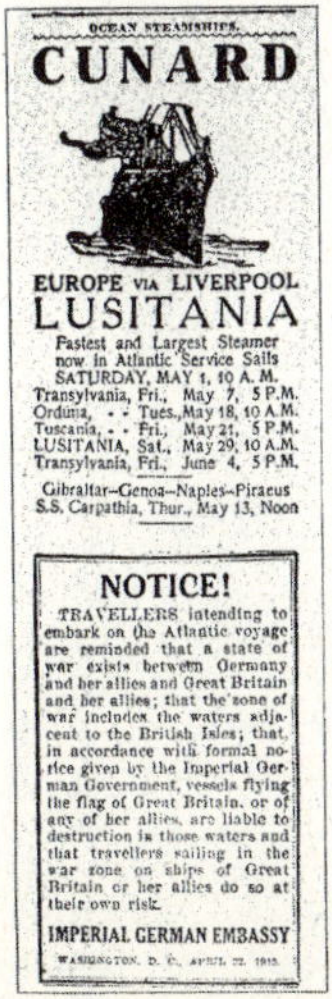

OCEAN STEAMSHIPS.

CUNARD

EUROPE VIA LIVERPOOL

LUSITANIA

Fastest and Largest Steamer
now in Atlantic Service Sails
SATURDAY, MAY 1, 10 A. M.

Transylvania, Fri., May 7, 5 P.M.
Orduna, - - Tues., May 18, 10 A.M.
Tuscania, - - Fri., May 21, 5 P.M.
LUSITANIA, Sat., May 29, 10 A.M.
Transylvania, Fri., June 4, 5 P.M.

Gibraltar–Genoa–Naples–Piraeus
S.S. Carpathia, Thur., May 13, Noon

NOTICE!

TRAVELLERS intending to embark on the Atlantic voyage are reminded that a state of war exists between Germany and her allies and Great Britain and her allies; that the zone of war includes the waters adjacent to the British Isles; that, in accordance with formal notice given by the Imperial German Government, vessels flying the flag of Great Britain, or of any of her allies, are liable to destruction in those waters and that travellers sailing in the war zone on ships of Great Britain or her allies do so at their own risk.

IMPERIAL GERMAN EMBASSY

WASHINGTON, D. C., APRIL 22, 1915.

キュナード社のルシタニア号の広告に載せられたドイツ大使館からの警告。「交戦国イギリスの船舶は攻撃対象である」

ドワード・マンデル・ハウスに命じて、参戦のきっかけを探らせていたのです。ハウスと当時のイギリスの外務大臣だったエドワード・グレイ卿の会話の記録が残されています。グレイ卿が「もしアメリカ人を乗せた大西洋航路上の客船をドイツが沈めたら、アメリカの国民はどう反応するだろうか?」と投げかけた質問に、ハウスは、「怒りの炎がアメリカ中を焼き尽くしてしまって、その事件は我々を戦争に突入させるに充分だと思う」と答えているのです。

当時世界最速を誇ったイギリス船籍の豪華客船ルシタニア号が、1989人の乗客を満載してニューヨーク市の51番埠頭を出航。6日目に、ドイツの潜水艦による魚雷を受けて沈没。アイルランド沖15㎞の地点に、128人のアメリカ人を含む1198人の死者とともにその優雅な巨体を沈めたのは1915年5月7日のことでした。

しかしこの巨大豪華客船の沈没で世論を反転することはできませんでした。ようやくアメリカ議会がドイツに宣戦布告するのは2年後の1917年のことです。

アメリカを参戦させるために裏で動いたのがロスチャイルドです。ドイツの破竹の勢いに勢力を挽回できなかったイギリス政府に対して、「アメリカを連合国側の味方として参戦させれば形勢が逆転するぞ。私たちが骨を折ってもよいから」と持ちかけたのです。ただしそれには「アメリカ参戦の暁《あかつき》には、中東におけるユダヤ国家の建設推進に協力すること」を条件としてつけたのです。

ロスチャイルド家第３代当主ライオネル・ウォルター・ロスチャイルド

アーサー・ジェームズ・バルフォア。外務大臣であった1917年に、ウォルター・ロスチャイルドに対してパレスチナにおけるユダヤ人国家建設の援助を約束する書簡（バルフォア宣言）を送った。

1917年4月にアメリカがドイツに宣戦布告しました。同年11月、時のイギリス外務大臣アーサー・ジェームズ・バルフォアが、「パレスチナにおけるユダヤ国家建設をイギリス政府が支援する」という覚書（バルフォア宣言）を、ライオネル・ウオルター・ロスチャイルド卿に送っています。

ロスチャイルドがこの宣言書の実行をイギリス政府に迫ったのは第2次大戦終了後です。その結果としてパレスチナの地にイスラエルが建設されました。バルフォア宣言から31年が経過した、戦争が終了して3年後の1948年5月のことでした。

第1次大戦によってジョン・D・ロックフェラーが手にした利益は当時のお金で200億ドル（2兆4000億円）、現在の貨幣価値に換算して1兆9000億ドル（228兆円）にのぼったと言われます。そのうえアメリカ政府は300億ドル（3兆6000億円）という戦費の臨時支出を、連銀から利子つきで借りることになったのです。ルシタニア号事件から、戦争反対の世論をひっくり返すにはさらに衝撃的な悲劇が必要だとわかり、それが真珠湾攻撃につながっていったのです。

〈②第2次大戦で儲けた銀行家——真珠湾攻撃〉

第2次大戦前のアメリカは国民の83％が参戦に反対していました。しかし時の大統領ルーズベルトは銀行家の意向を受けて秘かに参戦をのぞんでいました。その策略にはまってしまったのが、日本だったのです。

ルーズベルトの戦時秘書だったヘンリー・ステムソンが、真珠湾攻撃の2週間前の1941年11月25日にルーズベルトと交わした会話を記録しています。そのときルーズベルトは「問題は、いかにして奴らに先に発砲させるかだ。日本が先に攻撃を仕掛けてくるのが望ましい。その行為によってどちらが侵略国か、疑いがなくなる」と秘書に話しているのです。

また真珠湾攻撃の3日前の12月4日ルーズベルトは諜報部から、日本の空母機動部隊がハワイ方面に向けて航行中と連絡を受けたのですが、握りつぶしてしまいます。真珠湾に停泊中の太平洋艦隊に知らせなかった事実は、彼がいかに戦争突入を画策していたかを如実に物語っています。同時に目的達成のためには、自国の兵士の命さえもかえりみようともしない金融資本家達の精神構造を、物語ってくれているのです。

それまでは参戦反対だった世論が、12月7日の真珠湾攻撃の直後には一気に反転しました。100万人の若者が兵役に志願。アメリカは総力を挙げて戦争に突入していったのでした。

ヨーロッパ戦線におけるナチスドイツとの戦いでは、ロックフェラー支配下のスタンダード石油が、敵方のナチスに飛行機用の特殊燃料を20億ドル（2400億円）相当分供給していたことが知られています。この特殊燃料がないと、ナチスの誇った名機メッサーシユミットも威力を発揮できなかったのです。

また現ブッシュ大統領のお祖父さんのプレスコット・ブッシュが副社長を務めていたニューヨーク市のユニオン銀行は、戦前からナチスと取引がありました。ナチスの預金を管理していて、ヨーロッパ戦線での火蓋が切って落とされてからもヒトラーに融資を続けていたのです。時のアメリカ政府から取り締りを受けるまで融資をやめなかったのはよく知られた事実です。

〈③ベトナム戦争で儲けた銀行家――トンキン湾事件〉

ベトナム戦争では、アメリカ側が5万8000人、ベトナム側が100万人もの死者を出しました。戦争終結後30年経過した今でも後遺症があるほど両国に大きな傷跡を残しました。北爆開始のきっかけになったのは、1964年に起きたトンキン湾事件と呼ばれる出来事です。

この事件は、北ベトナム海軍の魚雷艇がアメリカ艦船を攻撃したということで、アメリカが怒って戦争を拡大していくきっかけとなりました。ベトナム戦争への本格的介入をもくろむジョンソン政権が仕組んだもので、これもまた、まったくのでっち上げだったのです。1971年にニューヨークタイムズの記者がペンタゴンの機密文書を入手して暴露したのです。そして当時の国防長官だったロバート・マクナマラが、それが事実であること

ベトナム戦争当時の国防長官。世界銀行総裁も務めたロバート・マクナマラ。彼は捏造のトンキン湾事件を公式に認めた。

を1995年になってから公式に認めたのです。

アメリカの金融資本家達と軍産複合体は、自国民を犠牲にすることによって国民の怒りを煽《あお》ります。自分達の都合のよい方向へ世論を誘導していく作戦が多様化していることがよくわかると思います。この作戦の延長上にあるのが2001年の米国同時多発テロなのです。

アメリカの正規軍が宣戦布告なしに外国を武力侵攻するというのは、国際法上まったく非常識な行動です。それにもかかわらず、アメリカ国民の90%近くが承認してしまったのは、国際金融資本家達の指示を受けて、ブッシュ政権と結託したマスコミの国民誘導によるものです。このことは、事件からまもなくすると、一部の知識人達の間では定説となってきました。

金融資本家達はなんとか戦争を始めようと画策します。いったん戦争が始まると、金融資本家と軍需産業と軍が組んで、今度は可能な限り戦争を長引かせようとする傾向があります。その手口を少し紹介します。

ベトナム戦争は、アメリカが泥沼にはまってしまい抜けるに抜けられなかったと表向きには言われています。実際はアメリカ軍は色々な足かせをはめられていました。初めから勝つことを目的としないで、戦争を長引かせようとしているとしか考えられない条件で戦わされていたのです。

もちろんマスコミはそのようなことは微塵《みじん》も記事にしません。ニュースにも流れたりしないので一般の人はそのようなことはまったく寝耳に水で、読者の皆様方はにわかには信じがたいことかもしれません。しかし、1985年に公開されたペンタゴンの書類に書かれている、れっきとした事実なのです。

ベトナムの80％の軍需物資を供給していたのはソ連ですが、ソ連が軍需工場を設立したり、ベトナムへ送るための軍需物資の購入をおこなった資金は、なんとロックフェラーが牛耳るチェース銀行が融資していたのです。それに加えて驚くべきことには、1967年、リンドン・ジョンソン大統領は、ソ連に対する「経済封鎖の解除」という、ソ連の戦争物資入手の手助けをするためとしか考えられないことを断行しているのです。

ベトナム戦争の不可思議な戦闘規約

戦闘における規約として、アメリカ軍の現地部隊が軍の上層部から言い渡されていた、3つの制約がありました。

①北ベトナム軍の対空ミサイル基地は、完全に工事が終わって稼動を開始しないうちに爆撃してはならない。

②国境を越えてラオスやカンボジア領内にいる、北ベトナム兵を攻撃してはならない。
③戦局を左右する重要な攻撃目標は、軍の上層部の許可なしで攻撃してはならない。

軍の上層部からアメリカ軍兵士が守るように渡されたこの戦闘規約は、なんと敵方の北ベトナムに伝えられていたのです。アメリカ軍は敵に手の内を読まれて闘っていたのでした。

戦争が長引くほど、戦場になっている現地の一般民衆は苦しみます。一方で軍需産業は潤い、金融資本家達は戦費がかさめばかさむほど利益が大きくなっていくのです。

2003年のイラク侵攻から始まった第2次イラク戦争もまた例にもれず、同じパターンです。マスコミはそのようには報道しませんが、早期解決を目指していないような兆候があるのです。

例えば、2005年の9月19日にイラクで実際に起きた事件です。イギリスが統治していたイラク南部のバスラ地域で、車に乗って銃を乱射して一般人を殺傷していた2人のアラブ人が、地元警察に捕まったのです。

捕らえてみるとその男達は、アラブ人に変装していましたがイギリスの情報局秘密情報部SIS（Secret《シークレット》 Intelligence《インテリジェンス》 Service《サービス》）の人間であることが判明したのです。[*④] 捕獲後まもなくイギリス陸軍からバスラの警察に連絡が入り、その2人を返すように要求してきました。イラク当局はこれを無視して2人を警察署内の留置所にぶち込んだのです。

　すると翌朝、驚くなかれ、ヘリコプターに援護された10台のイギリスの戦車が現れて留置所をぶちこわしました。150人以上の留置されていた人間を逃がしたどさくさにまぎれて、2人を連れ去ってしまったのです。すごいことをやりますよね。

　こんなことは映画の中でしか起きないのかと思っていましたが、さすが007を生んだ国だけあって、大胆すぎるほど行動的です。

　またイスラム教寺院モスク内で爆破事件がありましたが、元CIAエージェントの分析では、イラクの2大勢力のシーア派とスンニ派を戦わせるために、欧米の諜報組織（アメリカのCIAかイギリスのSIS）が実行した可能性が高いようです。

　たまたまこの2つの事件は表沙汰になったので我々が知ることになりました。しかし、この他にも我々の知らないところで、イラクの2大勢力であるイスラム教シーア派とスンニ派を喧嘩させるための策略が、あちこちで行われていたのが現実のようです。

　イラク侵攻当初には、米軍駐留を長引かせるためと、イラク国内のインフラを破壊する目的で、爆弾テロがあちこちで起きました。コントロールが利かなくなってきて、米軍の死者が日増しに多くなった結果、アメリカ国民の間で米軍即時撤退の声が大きくなりはじめました。今では民主党全体が即時撤退もしくは期限付きの撤退を選挙の公約に掲げるようになっています。一方の共和党はブッシュはもちろんですが、撤退の予定はまるでなし。

ジュリアーニもマケインも含めて大統領予備選挙に共和党の候補者として出ている人のほとんどは国民の意思とは正反対。イラクから撤退するつもりは今のところまったくない模様です。

国際金融資本家達が戦争を助長するのは、利益が莫大なのは言うまでもないことですが、その他にもう2つ重要な理由があるのです。

その1つは世界統一政府を目指すため。戦乱が打ち続くと、民衆の方から平和を渇望するようになるのはごく自然の流れです。金融資本家達が推し進める、世界平和を謳い文句にした世界統一政府樹立活動が、よりスムースに進展していくという読みがあるからです。

2つ目は地球の人口問題に関連しています。地球の人口が多すぎるというのは、一部の学者が唱えるだけでなく、かなり一般的に認知されています。人口を少しでも減らしたいという資本家達の方針があり、戦争は非常に有効な手段の1つなのです。

20世紀に入ってから人口爆発と言われる急激な人口増が起こりました。ある統計では2007年7月現在の地球の推定人口は66億人となっています。1個の生態系としての地球が養っていける人口には限りがあります。このまま人類が増え続けると地球に存在する資源が人間によって消費され尽くしてしまう。人類のみならず多くの動植物が地球上から消滅することになるという説があるのです。

適正人口がどのくらいなのかは諸説がありますが、生態学者の間では20億もしくはそれ以下というのが一般的な意見のようです。金融資本家達の目標は80％の人口を減らし、残すのは20％だけのようです。現在の人口の5分の4を減らすのは並大抵なことじゃないはずです。だから人口削減計画用にある種の不治の病の原因となるウイルスが人工的に作られて、ばらまかれたという説もあるほどです。

連邦準備制度――アメリカを食い物にする悪の元凶その2

アメリカを内側から腐らせている元凶の1つである軍産複合体を長々と説明してきました。さて、もう1つの元凶は連邦準備制度です。国際金融資本家達にとって金の成る木といえましょう。

彼らにとっては金の成る木ですが、アメリカにとっては悪の元凶の最たる存在です。すでに紹介したように何人もの政治家がこの制度の悪魔的な性質を看破し非難していました。しかし、マスコミがすでに資本家達に取り込まれていたためか、彼らの警告が一般の人にまったく伝わりませんでした。アメリカ国民の大半が、この国の中央銀行である連邦準備銀行が100％私立であることさえ知りません。ましてその株主の多くがヨーロッパの私企業である事実を知る人は、ほとんど皆無と言っていい状態なのです。

ルイス・マクファッデンの議会における歴史的演説から半世紀以上たった今日のアメリ

カ経済は、破産をとっくに過ぎた状態です。また国民も年々貧乏になっていっているのはすでに書いたとおりです。まさに彼の予言した通りのことが起こっているのです。

そして20世紀初頭から、アメリカの経済発展の土台をなしていた多くの中産階級の人達が、どんどん貧乏になりました。現在では、社会の構成がすっかり変わってしまいました。5%ほどの持てる者（このうち全人口の0・72%に当たる216万3000人は億万長者）とその他95%の持たざる者の2つの層に分かれてしまったのです。

昨今問題になっているサブプライム・ローンというのは、信用調査や財産調査を省略し、そのうえ頭金なしでも家が買えるローンを提供するというものです。極端なことを言えば申し込みさえすれば誰でも取得できるために、非常に危険です。そんな必要性はないので過去には存在しなかったローンなのです。

こんな危険なローンを売り出す必要が出てきたのは、貧乏な国民が増えてきているという証です。また危険を承知でそういう層を相手にしないと、従来通りの家の販売数を確保するのが難しくなっているという現状があるからなのです。

そのうえ驚くのは、こういう貧乏な人々を相手にして何千万円という高額のローンに10%を超える利子を取っていることです。最初の5年は故意に支払い金額を低く設定してあるのですが、6年目からは最初の5年の不足分が加わってきて急激に支払い金額が大きくなります。毎月の支払いができない人が出てくるのは必定で、破綻しない方がおかしいと

FRB。“連邦”と名付けられているが、政府組織とはまったく無関係。民間の銀行が政府の公的組織のような顔をしてアメリカ国民の富を巧妙に奪う。

DECEMBER 24, 1913—SIXTEEN PAGES PRICE TWO CENTS

PRESIDENT'S SIGNATURE ENACTS CURRENCY LAW

Wilson Declares It the First of Series of Constructive Acts to Aid Business.

Makes Speech to Group of Democratic Leaders.

Conference Report Adopted in Senate by Vote of 43 to 25.

Banks All Over the Country Hasten to Enter Federal Reserve System.

Gov-Elect Walsh Calls Passage of Bill A Fine Christmas Present.

WILSON SEES DAWN OF NEW ERA IN BUSINESS

Aims to Make Prosperity Free to Have Unimpeded Momentum.

HOME VIEWS OF CURRENCY ACT

FOUR PENS USED BY PRESIDENT

ウィルソン大統領が法案に署名したことを伝えるアメリカの新聞記事（1913年12月24日）。連邦準備制度が1913年に成立し、豊かなアメリカは崩壊していった。

言えるのです。

このローンを売るセールスの口上は、「毎月の支払いが急激に大きくなる5年以内に家を買い換えれば、いつも低い支払いで済みますよ。またその頃には家の値段も上がっているので、家を売った差額が手元に残るから安心ですよ」というものです。確かに不動産価格が毎年上昇していくうちはなんとか回るのですが、2005年くらいから家の値段が落ちはじめましたから、たまったものではありません。

実際問題として、2004年から2006年の3年間に契約されたこのタイプのローンの、半数の支払いがすでに滞《とどこお》っていて、2006年の1年だけで40万戸の家が差し押さえされたようです。ですからこの持てる者と持たざる者の格差は広がる一方です。持てる者はより財産が増え、持たざる者はより負債が増えていっているのです。

76年前のマクファッデン氏の予言「この悪魔の制度は、合衆国の国民を貧乏にします」が、現在のアメリカの状態を的確に言い当てているのです。

連邦準備銀行制度設立にいたる巧妙な手口

アメリカには独立してから19世紀が終わるまでに、ロスチャイルドの命令を受けた人間達によって何度も中央銀行設立計画がなされていますが、良識ある政治家達が大変な努力をして、その都度廃止されています。

20世紀が始まる頃には、アメリカの金融界はJ・P・モルガン、ロックフェラー、ポール・ウォバーグとロスチャイルドの4名によって支配されるようになっていました。彼らは協議して再び中央銀行設立を誓い合ったのです。

とはいえ議会も国民も過去の苦い経験の記憶がありますから、中央銀行設立が認められないのは明白なので、一計を案じてある作戦を立てました。

その頃金融界の第一人者として格段の影響力を持っていたのがJ・P・モルガンです。モルガンは、1907年に「ニューヨークのある銀行が資金難におちいって破産寸前」というデマを流しました。預金者が大挙してその銀行に押しかけて預金の解約を要求しました。これが他の銀行にも飛び火し、多くの銀行が払い戻しのための急激な現金の必要性から、資産の急激な売却に迫られ、経済界が大混乱したのでした。

数年後にライフ紙は「モルガンの一味は、このパニックが進行するにつれて、より急激に進行するように利口に立ち回った」と書いています。

すぐにこの混乱事件が議会で問題になり、上院議員ネルソン・オルドリッチを議長とする調査委員会が議会内に設置されました。間もなく「経済と金融の安定には中央銀行の設置が必要」と進言した報告書が、議会に提出されたのです。

ちなみにこのオルドリッチ上院議員は後に婚姻を通じてロックフェラー家の一員になり

ます。娘アビーがジョン・D・ロックフェラー2世と結婚。後の副大統領ネルソンと現代のアメリカ帝王デービッド・ロックフェラーを含む6人の子供をもうけています。

こうした下地を作ってから、1910年に銀行家達だけが集まって、過去の失敗の例から学んだ究極の中央銀行制度が立案されました。その手口がまた巧妙でした。1913年にその案件をオルドリッチ議員に渡して12月22日に議会に提出。議会がちょうどクリスマス休暇で味方以外誰も残っていない12月23日に採決。翌日大統領ウィルソンに中央銀行設立を公表させたのでした。

この連邦準備制度には銀行家たちの知恵が結晶しています。二度と通貨発行の権限を取り上げられない仕組みの構築と、二度とグリーンバックス（リンカーンが中央銀行を介さずに印刷した紙幣）のような通貨が出ないように頭をひねり、そのためには国民に真実を知られないようにするのが一番ということになって、色々な工夫をしています。

まず名前を、〝連邦〟とつけて国の機関のような錯覚を与える。全国12ヶ所に存在する連邦準備銀行を統括する組織として連邦準備制度理事会が作られ、その議長は大統領が任命権を持つような形式にしたのです。しかし実は政府には議長を人選する権限はありません。大統領は回ってくる紙に書いてある名前を読み上げているだけなのです。その人選は現在は、デービッド・ロックフェラーが決めると言われています。政府は人選する権限どころか、罷免《ひめん》する権限すら持っていないのです。

ネルソン・オルドリッチ上院議員。クリスマスで議会に味方ばかりのときを巧妙に狙って、中央銀行設立の法案を通した。ロックフェラー家の一味。

連邦準備制度理事会の議長は、いったん任についたら自分の意思で退任するか、任期の8年が来るまでは、どんな失策を重ねようと、たとえ全世界を巻き込む大恐慌を引き起こす原因になったとしても、誰も首をすげ替えることができないのです。ただしデービッド・ロックフェラーが言えば別でしょうけれど……。

連銀は見かけは政府がコントロールしているように見えますが、実情はまったく違っています。現在の日銀もそうなりましたが、100％政府の干渉を受けないのです。

そのうえ連銀は100％私立の企業です。税金申告は免除され、会計報告も免除され、株主の名前も公表されません。資本主義経済のルールから完全に浮き上がった存在なのです。まさに雲の上の存在です。

設立に際して念には念を入れて構想を練り、一般の人が連邦政府の一部と勘違いするようにシステムを作り上げました。そのうえマスコミがまったくそのことを隠してしまっていますから、アメリカ人であっても自分達の中央銀行である連銀が、まったくの私立企業であることを知る人はきわめて少ないのです。

〝ならず者国家〟とは中央銀行を持たないまともな国⁉

余談になりますが同時多発テロ以前において、政府が中央銀行を許可していない国は世界中9ヶ国あります。その国名は、キューバ、北朝鮮、アフガニスタン、イラク、イラン、シリア、スーダン、リビア、パキスタンの9ヶ国です。奇しくも、第2期のクリントン政権でアメリカの歴史上最初の女性国務長官になったマデリーン・オルブライトが、1997年4月28日に議会での演説の中で、〝ならず者国家〟と呼んで非難した国々と一致するのです。

2001年の同時多発テロ後、ブッシュが使ったことで一躍時の言葉になった〝ならず者国家〟ですが、クリントンの時代にすでに使われていたのです。

事件直後にブッシュの呼んだ〝ならず者国家〟は6ヶ国に減っていましたが、それは上記9ヶ国からアフガニスタン、イラク、パキスタンが抜けていたからなのです。

でもアフガニスタンでは2002年に、イラクでは2003年に中央銀行が設立されました。2001年のブッシュの演説の時点ですでに、この2つの国に中央銀行の設立が既定の事実となっていたことが推測できます。

パキスタンにおける中央銀行の有無は確認できなかったのですが、まだ設立されていないように思います。

というのはこの国は常に政局が不安定で、現ムシャラフ政権もいつ倒されるかわからない状態でした。パキスタンを〝ならず者国家〟リストから外したのは、同時多発テロに関連してムシャラフの助けを必要としていました。あのときパキスタンを〝ならず者国家〟

の一員として名前をあげると、民衆が怒ってムシャラフ政権がひっくり返される恐れがあったからなのです。

ブレジンスキーが練った外交戦略が同時多発テロへの布石

軍需産業と銀行家達に引っ張られてアメリカが世界中で戦争をしている大きな理由は、すでに書いたようにいくつかあります。同時多発テロに限っては別の理由を作って、大義名分が立つようにしています。

ソ連が崩壊してから、アメリカ政府が代々継承してきた基本的な外交政策があります。その基本政策にのっとってイラクのサダム・フセインの武力排除、カスピ海沿岸からインド洋に抜ける天然ガスと石油のパイプライン建設が計画されました。それを実現するためには〝第2の真珠湾攻撃〟すなわち同時多発テロが不可欠だったという言い分を前もって作っているのです。

アメリカ政府の基本的外交政策の内容は、1977年から1981年まで続いた民主党のカーター政権のときに作られました。当時の外交問題特別大統領補佐官だったズビグニュー・ブレジンスキーが、1997年に出版した『ザ・グランド・チェスボード』(邦題『ブレジンスキーの世界はこう動く』)という本に書かれているのです。

この本は、同時多発テロの準備段階の第3ステップであるアフガンとイラクへの武力侵攻を正当化する目的で、書いたと思われます。ロックフェラーの意を受けたブレジンスキーが急遽《きゅうきょ》執筆して出版したものです。

ここにはソ連崩壊後アメリカが超大国の立場を維持していくためには、帝国主義的な方法（早く言えば武力）で世界の膨大な天然資源（石油、天然ガス、鉱物、金、その他）とユーラシア大陸、特にウズベキスタン（なぜウズベキスタンなのかよくわからないのですが……）の労働力を支配する必要があると書かれているのです。

アメリカのアフガニスタン侵攻と時を同じくして、米軍がウズベキスタンに駐留を開始（人権問題から2005年に関係を解消して現在は撤退）したのは、この基本政策があったからなのです。

したがってブレジンスキー本の出版以降に政権を担当した、クリントンの民主党政権もブッシュの共和党政権も、この基本政策に沿って外交を展開しているのです。

特にネオコンが2000年にクリントン政権に提出した、〝第2の真珠湾攻撃〟の必要性が書かれている意見書は、この外交基本政策の枠の中で組み立てられているのです。

見方を変えれば、この本は犯罪行為を正当化して、罪悪感に悩まされないための逃げ場になっているのです。職務の一端として上司から指示されたとはいえ、知らないうちに3000人近い一般市民を殺してしまい、同時多発テロ遂行に手を貸してしまった政府の一般職員にとっても必要な本なのでしょう。そして政界の陰の支配者が、政府関係者から内部告発を出さないために前もって打った布石と言えます。

ブッシュもクリントンもタリバンを支援していた

超大国アメリカが生き残るためには、石油の支配が最重要事項です。中東とカスピ海周辺を押さえることが必要不可欠なのです。

中東は、イラクの石油を支配したことによって当面の目的は果たしました。世界一を誇る中東の石油の埋蔵量もその半分以上が消費されてしまったと言われている昨今、次は中東の次に埋蔵量の多いカスピ海沿岸を押さえる必要があるのです。しかし、石油と天然ガスを運び出すインフラがないので、現在は宝の持ち腐れ状態になっています。

そこでいろんな運送方法が考慮された結果、石油タンカーが頻繁に行き来するインド洋までパイプラインを敷いて運び出すのが最良、との結論が出たのでした。

そこでアメリカ政府は、カスピ海沿岸の国トルクメニスタンからアフガニスタンを経て、パキスタンのインド洋に出るパイプラインを引こうと計画しました。それを受けてユノカルという企業が1997年にテキサス州で3国を招いて協議を開始したのです。

他の2ヶ国はすぐ同意したのですが、タリバンだけが同意書にサインしなかったのです。

（左）第41代大統領ジョージ・ハーバート・ウォーカー・ブッシュ、通称“パパ”ブッシュ。（中央）ジョージ・ブッシュの夫人ローラ。（右）第43代大統領ジョージ・ウォーカー・ブッシュ。

ブッシュとカルザイ（アフガニスタン・イスラム共和国大統領）。アメリカの大手石油会社ユノカルの役員をしてたカルザイは、アメリカと蜜月関係にある。ユノカルはカルザイ治世下、インド洋とカスピ海の油田を結ぶパイプラインの建設を行っている。

アメリカは同時多発テロ直前まで、タリバン政権を武力で排除しようという気はなかったようです。むしろタリバンを取り込もうと努力していました。世界の文化遺産であるバーミヤンなど多くの仏教遺跡を破壊して、全世界から嫌われていたにもかかわらずです。

驚くべきことに、クリントン時代の1999年には、タリバン政権の全政府職員の給料を、金額ははっきりしないのですが、払ってやっています。

そして今度はブッシュが、同時多発テロ4ヶ月前の2001年5月に43億ドル（5160億円）もの大金をタリバンに払ってやっているのです。

この時点でタリバンが素直に同意書にサインしていたら、武力侵攻はなかったはずです。アフガニスタンへの侵攻は、ビン・ラディンをかくまっているからというのは単なる口実にすぎません。主な目的は2つあり両方ともお金に関係しています。1つ目の理由は、パイプライン敷設です。

アメリカはタリバンを排除したあとのアフガニスタン新政府の大統領に、ハミド・カルザイを指名しました。彼は元ユノカルのコンサルタントですから、すぐに同意書にサインして、現在パイプラインは建設が進んでいます。

2つ目の理由は、CIAの秘密業務である麻薬取引です。一時は全世界の麻薬の70％を供給していたほど、アフガンには広大なアヘン畑があります。それをアメリカが奪おうとしたのです。アメリカがアフガンに侵攻以来、アヘンの栽培量が激増。現在はタリバン政権時代以上に大量の麻薬が、アフガンからアメリカ国内に入ってきていることが報道されています。

イラクのサダム・フセイン政権の武力排除は、クリントンが大統領だった1998年にすでに決定されていて、それをブッシュ達が引き継いでいます。

アメリカを超大国として維持するために石油資源は不可欠です。それで石油支配のために、イラクとアフガニスタン両国侵攻の口実として同時多発テロを起こす必要があった。そうした大義名分をブッシュ政権は持っていたのです。

多くの軍人やFBI職員が、不満ながらも自分の知っていることを内部告発しない2つの理由があります。1つの理由は、前述したようにイラクとアフガニスタン侵攻の口実として同時多発テロが必要という大義名分が、ブッシュ政権の根底にあるからです。もう1つの理由は、ブッシュ政権の上層部が出した箝口令《かんこうれい》です。政府職員のみならず消防署員や民間航空会社の社員等の一般人も含む厳しいものです。逮捕や解雇を前面に出して脅されるのです。

真実を報道しようとして、脅迫や解雇を経験した多くのマスコミ関係者が存在しています。ブッシュ政権の必死な真相隠しが見て取れます。

先ほど説明したように民主党のクリントンも共和党のブッシュも、タリバン政権とパイプライン建設、そしてイラクへの武力侵攻に関しても、一貫した外交路線を採用していたことがわかると思います。信じがたいことかもしれませんが、第2次大戦後のアメリカ政府は外交も内政も基本的には同じ政策をとってきているのです。クリントン政権とブッシュ政権だけにかぎった話ではないのです。

アメリカにおける2大政党政治は、今世紀初頭から形骸化《けいがいか》の傾向が現れはじめて、第2次大戦後からより顕著になっているという、動かしがたい事実があるのです。

2大政党政治の虚構

アメリカの政界は1800年代の中頃以来現在まで、民主党と共和党の2大政党によって営まれています。2大政党政治の良さが出ていたのは第2次大戦頃までで、今はどちらの政党が政権をとったとしても大きな政策(特に世界戦略)に関してはほとんど大差はありません。基本的には同じ政策を遂行しているのです。

それというのも1920年代以来、この2大政党は同じある組織(CFR、外交問題評議会)に金銭面と人的資源の両方を依存しはじめたからです。別の表現をすれば、1つの組織が両方の政党の金銭的スポンサーになり、そのうえ人材も送り出しているのです。

そして過去50年を見てみると、レーガンを除く歴代の大統領、歴代すべての国務長官と連邦準備制度理事の議長、大統領が指名する内閣の大臣の75%、統合参謀本部の高官の半数以上がCFRの会員から出ているのです。

もともとCFRはアメリカの外交政策と世界における役割の研究と理解をうたい文句にしていました。中心的活動を「将来の外交政策をになうリーダーの発見と養成」において運営されていたのですが、政府の中枢にいる主要人物のほとんどがCFRの会員です。今は外交政策だけでなく内政においてもこのグループの政策が、国政に大きな影響を与えるようになってきています。

2大政党が1つの意思の下に動いている典型的な例を、同時多発テロにおいて見ることができます。

ペンタゴンが攻撃された（という演出の）理由は、1999年と2000年の2年連続の、軍による想像を絶する巨額の使途不明金調査をうやむやにするためだったのです。この2年はクリントンが大統領の時代ですから、調査が始まれば民主党の屋台骨が揺らぐほどの大きな事件になったのは確実です。それなのに共和党のブッシュ政権は、民主党のクリントン政権時の軍の税金無駄使いの調査を進めるどころか、逆に調査妨害のために会計士殺害と会計書類焼却という証拠隠滅を実行しているのです。

そしてテロ前日の9月10日にラムズフェルド国防長官が記者会見を開き、その巨額の使途不明金のことを発表しているにもかかわらず、マスコミがそれを一切報道しなかった事実は、共和党と民主党だけでなくマスコミも同じ穴のムジナであるということを如実に示しています。

操られた大統領――第40代ロナルド・レーガン

組織のメンバーではないレーガンが大統領になれた理由について、2003年にフランスで作られた半分眉唾物のようでいて、それでいてアメリカという国の核心をついているドキュメンタリーがヒントを与えてくれています。

番組の原題は『オペレーション・ルナ』*⑤といい、フランスとオーストラリアで放送されましたが、日本でも2003年の大晦日にテレビ朝日がビートたけしの司会で放送しましたから、ご覧になった方も多いと思います。

番組のテーマは、アポロ11号の月面着陸はでっち上げだったというものです。それをニクソンが決断するまでの成り行きと全人類が騙されたやらせの過程を、当時の国務長官アレクサンダー・ヘイグやキッシンジャーといったニクソン政権の閣僚や関係者（今はずいぶん年取ってしまっていますが）を出演させて、彼らが回想するという形で描いているのです。

この話の真偽をうんぬんするのがこの本の目的ではありませんので、深くは入りません。

アメリカ政府は過去に、多くは戦争開始や戦火拡大という目的を果たすために、起こってもいない事件がいかにも起きたように細工したり、嘘の報道を流したりして国民を騙してきたことが何度もあるのです。この〝月面着陸ショー〟はそれを全世界規模に広げたと解釈すると、意外と現実味が出てくるストーリーなのです。

この壮大なやらせの詳細を企画し演出したのが、映画『2001年宇宙の旅』を世に送り出した奇才スタンリー・キューブリックです。彼が月面着陸シーンをロンドンのスタジオで実施。撮影は大成功したあと、正体のよくわからない人物が彼に近づいてきて、「よくやってくれた。感謝のしるしとして今度の大統領は、君達の分野から出ることになるだろう」と言う謎のシーンがあります。

この1969年7月の出来事から実に11年の長い月日が流れるのですが、実際にこの謎の男の言葉が実現して、1980年には芸能界出身の大統領レーガンが出現することになるのです。

実は、この番組はあくまでも作り話《フェイク・ドキュメンタリー》という体裁ですから、この正体不明の人物のことも創作なのでしょう。それにしてもこの映画の脚本を書いた人は、アメリカを牛耳るグループが存在することと、レーガンがそのメンバーでないことを知っていたのでしょうか。

ちなみにこのときの副大統領には、デービッド・ロックフェラーの下僕の〝パパ〟ブッシュがなっています。この人事は、アメリカを牛耳るグループの洗脳を受けていないレーガンの手綱が、万が一利かなくなったときに対処できるようにという、このグループを背後から操る人の深い思惑があってのことなのです。

アメリカを牛耳るＣＦＲ（外交問題評議会）

アメリカを牛耳る組織の名前はCouncil《カウンシル》 on《オン》 Foreign《フォーリン》 Relations《リレイションズ》（略してＣＦＲ）。日本語では外交問題評議会と言います。１９２１年に設立された超党派の集まりで、本部はニューヨーク市パークアベニューにあり現在の会員数は４０００人を超すと言われています。

この組織に膨大な活動資金を提供しているのはロスチャイルド、ロックフェラーを始めとする裕福な財閥です。

現在のロックフェラー家の当主、デービッド・ロックフェラーはＣＦＲの中心人物です。１９４９年から理事として、また１９７０年から１９８５年まで議長としてＣＦＲの活動の中心的役割を果たし、現在は名誉議長となっています。

大統領フランクリン・ルーズベルトは在職時代から死ぬまでに、政府の重要な地位にＣＦＲのメンバーを指命し配しました。ニューヨークタイムズを始め主要新聞と3大テレビ局のトップもまたＣＦＲの会員です。今ではアメリカの政府、金融、マスコミがＣＦＲによってコントロールされ、アメリカの外交政策のみならず国内政策においても、非常に大きな影響を及ぼしているのです。

CFRの会員になるには主要会員の推薦が必要です。現在、政界と官界に生きる者にとって、ここの会員になることが出世の近道だと考えられています。

会員には終身会員と5年の期間限定会員の2種類があります。会員になると2年に1回、1週間の海外旅行に招待されます。旅行といっても実際は研修で、このときに彼らはCFRの思想をみっちり詰め込まれるのです。

不思議なことに9・11調査委員会の最終報告書に記載がもれている事柄と、マスコミが報道しない事柄が多くの点で一致しています。これもCFRの背景がわかれば容易に納得がいくと思います。

アメリカには3万3000の新聞が発行されています。8つの会社でその95％を支配し、テレビとラジオにいたっては、親会社はすべてGEやディズニー等の大企業です。トップさえ抑えれば、マスコミ関係の会員はそれほど多くなくても全米のほとんどのマスコミは支配できるのです。

現在のアメリカの外交政策の基礎を作ったブレジンスキーや、またロックフェラーの手足として動いているヘンリー・キッシンジャーもCFRの長年のメンバーです。

この他に法人会員があり、米国の錚々《そうそう》たる大企業が名を連ねています。法人になるには推薦なのか申請なのか明確ではありません。1995年度の年次報告書には、「法人会員は米国で国際的にビジネスを展開する外国企業、金融機関、法律事務所とその他の業種が対象。それらの法人の経営陣に異業種の経営者と意見交換する機会を提供する」とうたっています。例のごとく表面では奇麗事を並べていますが、実際には経営者達の洗脳を目的としています。

ところで日本の法人会員の中に、ジェトロ（日本貿易振興会）ニューヨーク事務所の名前があります。これはまだわかるのですが、なんと日本領事館も入っています。1995年の年次報告書に掲載されている全187社の法人会員のうちで政府機関が会員なのは、日本の領事館だけです。

これはCFRが日本を重要視している証なのか、それとも日本政府がロックフェラーに気に入られようとしているためなのでしょうか……。

いずれにしてもCFRで討議されることや決定された事が、領事を通じて逐一日本政府の中枢に伝えられているのは紛れもない事実のようです。その決定に忠実に動いていると長期政権が保てるのではないでしょうか。

ちなみに日本関係で1995年度の他の法人は、東京銀行、日本輸出入銀行、トヨタ北アメリカ、ソニーアメリカ、新日鉄アメリカ、三井物産、丸紅、野村證券、マークス、ムラセ法律事務所（1997年にボストンの法律事務所に吸収合併）の総計11社でした。

著名な個人会員はたくさんいます。2008年の大統領選挙に出馬した民主党、共和党

現在のロックフェラー家当主、デービィッド・ロックフェラー（93歳）。父親はジョン・ロックフェラー2世。兄は第41代アメリカ合衆国副大統領のネルソン・ロックフェラー。1973年に彼が音頭をとって設立した三極委員会は、アメリカの外交政策に重大な影響を与える奥の院。彼はまたCFRの中心的存在でもある。

の区別なくほとんどの候補者はCFRの会員です。ジョン・エドワーズ、ヒラリー・クリントン、バラック・オバマ、ジョン・マケイン、ミット・ロムニー、ルドルフ・ジュリアーニ……、会員でない候補を探す方が難しいのです。

CFRの異色の会員としては女優のアンジェリーナ・ジョリーがいます。パートナーのブラッド・ピットが会員かどうかは、確認できませんでした。

メディアや芸能界関係の会員がいるのは、これらの人の言動は一般の人に大きな影響を及ぼすからです。会員になってもらい、セミナーや懇談会等を通してCFRの方針を教え込む。CFRのマスコット役を演じてもらうためのようです。

操られた大統領――第32代フランクリン・ルーズベルト

今日のCFRの隆盛の基を築いた功労者はフランクリン・ルーズベルトです。第2次大戦時の大統領として知られ、2期が限度の大統領職で戦時とはいえ、4選された唯一の大統領なのです。

彼はニューヨーク州で生まれ育ちました。また家業が銀行業だった関係上、同じくニューヨーク州に本拠を構えるロックフェラー家とは家族ぐるみのつきあいがありました。身体に重度の障害を持つ彼が大統領になれたのは、自分達の指示通りに動いてくれる彼の資

第32代大統領フランクリン・ルーズベルト。第26代大統領セオドア・ルーズベルトの従兄弟にあたる。真珠湾攻撃もまた9・11同時多発テロ同様に周到に計画されていた。だまし討ちを口実に日本へ宣戦布告し、第2次大戦に参戦することになった。写真は日本への宣戦布告文章に署名する様子。

質を高く買った、ロックフェラー家の全面的な後押しによるものです。

1933年に大統領に就任したときは、1929年の株の大暴落に端を発した世界大恐慌の真っ只中でした。アメリカは失業率が25%にも及んでいて、職を求める失業者がちまたにあふれていたのです。就任するやいなやニューディール政策として知られる一連の景気回復を目的とした公共事業や、破綻した銀行の救済に関する法律等を矢継ぎ早に制定したのでした。それまでのアメリカは自由経済をとっていて、政府が経済に関与することはなかったのですが、それを大転換して社会主義的な政策を採用した初めての大統領なのです。

彼はいろんな面で、ユニークな記録を持っています。その1つに拒否権の行使があります。議会から送られてくる法案を、12年の在任中に635回も拒否したダントツの記録を持っています（彼は4期目に入ってすぐに脳卒中で死亡。ルーズベルトの実質在任期間は3期12年。残る4年の任期は副大統領になって間もないトルーマンが引き継いでいる）。

議会で承認されて大統領に回ってきた法案は、そのときの国民の声を反映しています。その法案を拒否するということは、国民の声を拒否したという見方ができると思うのです。そういう意味では拒否権行使の最多の記録保持者であるルーズベルトは、国民の声を拒否し続けた大統領といえます。

逆に8年間の在任中に一度も拒否権を行使しなかった第3代大統領のトーマス・ジェフ

ァーソンは、国民の声を一番よく取り入れた大統領という見方ができるのではないでしょうか。

2008年大統領選挙は、イラク駐留を公言するマケインが有力

政界の構造に熟知していたルーズベルトならではの有名な言葉があります。

「政治の世界で、たまたま起きることは何もない。何かが起きた場合は必ず、そうなるように仕組まれているのだ。」

現代アメリカにおける政治には、民衆の意向はほとんど反映されません。優先されるのは陰の支配者達の意向です。民意が反映されたように見えることがあっても、それは民意が支配者達の希望とたまたま同じだっただけなのです。それを踏まえて2008年の大統領選挙の成り行きを予想してみます。

アメリカ国民の80%がイラクからの即時撤退を希望し、ブッシュの共和党政権8年間にあきあきしているのが現在のアメリカの状況です。民主党のヒラリー上院議員かオバマ上院議員に落ち着くというのが世間一般の考えなのは私も充分わかっています。結論から言うと、11月には共和党のジョン・マケインが選ばれると思います。

その根拠になる大きな理由は2つあります。ここまで読んでくるとCFRの機能から、

民主党も共和党も同じ穴のムジナなのが皆さんもよくおわかりになった思うのです。今回の選挙においてはイラクからの撤退について、民主党の2大候補のヒラリーは段階的に、オバマは即時にと、共和党との違いを強調するために公約しています。

しかしアメリカがイラクに武力侵攻した理由は2つあります。1つはサダム・フセインに国有化された石油施設の奪回。もう1つは常に政情不安定な中東における恒久的な米軍の基地の確保です。

それなのに民主党が政権をとって公約通りに米軍を撤退すると、せっかく苦労して手に入れた米軍基地は手放すことになる。まして石油施設の修復を含めてイラク復興事業に大枚を投資したアメリカ企業にとっては用心棒がいなくなってしまう。危なくてビジネスを継続できません。こうなると撤退を余儀なくされるのは目に見えています。これはアメリカの軍産複合体にとっても、政界を裏から動かす石油メジャーにとっても、絶対に容認できないことなのです。それ故に彼らは、明確にイラクでの米軍駐留継続をうたっているジョン・マケインしか大統領にする予定はないのです。これが理由の1つ目です。

2つ目の理由は、今まで大統領選挙の候補者として残ってきたのは、ほとんどがWASP《ワスプ》（ホワイト《白人》・アングロ・サクソン・プロテスタント）と呼ばれるグループで、男性でした。WASPであるゴアが出ていればほとんど間違いなく勝利は民主党だったはずです。今回の民主党の2大候補が一方が女性でもう一方が黒人になったのは、ジョン・マケインを大統領にするために周到に仕組まれた作戦だといえます。

つまりどちらが候補に選ばれたとしても、それを嫌ってＷＡＳＰであるジョン・マケインに投票するという人物が、民主党支持者の中からでも出る可能性が高いのです。

まして今回の民主党の２人の戦いは史上稀に見る接戦ですから、最後の最後までもつれると、民主党は分裂。それだけ余計に相手候補に対する憎しみがつのりますから、自分の支持する候補が負けたときの反動が大きいのです。

この２つの理由を考えたとき、アメリカの陰の支配者達は共和党から次期大統領を出す方針で動いていると考えるのが妥当なのです。

そして陰の支配者達は、民主党の候補者としてヒラリーよりもオバマに決めて動いているような気がします。予備選が始まるまでは圧倒的にヒラリーの人気が高かった。しかし、いざ予備選が始まってみると、オバマが優勢。毎日のようにマスコミが報道する２人の言動の扱い方を聞いていると、どう見てもオバマに好意的な報道が多いと感じるのです。

また、ヒラリーが勝利したミシガン州とフロリダ州の２州でおかしな動きがありました。州の民主党支部が党本部の指示に従わなかったとして投票を無効にするという決断を本部が下しました。ヒラリーが要求した再投票は実施されていませんから、これもオバマに肩入れする動きの１つと考えられます。

そしてヒラリーは選挙資金が思ったように集まらなかった。一時的にですが個人の財産を持ち出していたことがあった。これは企業からの献金が集まっていないからで、逆にオバマにたくさんの献金が企業から集まっているのです。

つまり陰の支配者達の支援はオバマに向けられていると言えるのです。

陰の支配者がオバマに勝たせたい理由は、何か。選挙は水ものですから万が一自分達の推すジョン・マケインが敗れる可能性もある。そうなると、撤退を公約している民主党の候補者を暗殺することになる可能性もあります。そのとき、8年の任期中に陰の支配者達とパイプができている元大統領夫人ヒラリーよりも、上院議員になって1期目で人脈もとぼしい黒人のオバマの方が暗殺しやすいという理由からでしょう。

しかし政治家が前言をひるがえすのは日本もアメリカも同じです。イラクの米軍撤退を延期せざるを得ないような自作自演の国内テロか何かの事件を起こす。そうしておいてから陰の支配者達はオバマを説得してイラク撤退の無期延期を表明させる可能性もないこともない。もし彼の副大統領候補に選ばれた人物がイラク撤退を公表していない人物だったならば、オバマが暗殺される可能性は非常に高いと思います。

平和な日本に住んでいる人にとっては現実離れした話に思えるでしょう。11月の選挙直前にアメリカ国内でテロか何かの大きな事件が起きて、ブッシュは待ってましたとばかりに全米に戒厳令を布《し》いて、選挙は兵隊の見守る中で行われることになる可能性もあります。

そういう雰囲気ですと、イラク撤退派よりも戦争肯定派の方が票が進むと思いますから、ジョン・マケインにとっては有利になります。

アメリカの政界を牛耳っているのはＣＦＲです。さらに欧米を中心にした世界の情勢に大きな影響力を持つ集まりがあります。これからその3つを紹介します。

ＲＩＩＡ（王立国際問題研究所）

ＣＦＲは１９２１年にニューヨークで設立されました。その前年の１９２０年にロンドンに設立されたのが、The《ザ》 Royal《ロイヤル》 Institute《インスティテュート》 of《オブ》 International《インターナショナル》 Affairs《アフェアーズ》（ＲＩＩＡ）訳して王立国際問題研究所です。

ＲＩＩＡの設立は20世紀なので比較的新しいと言えますが、起源は古い。イギリスが世界を支配した19世紀に、植民地経営を安定させることから発生した、英国貴族の円卓会議に原点があります。ですから、活動してきた期間は長い。そして私的な諜報機関ですが英国女王を頂点に配しています。

ＲＩＩＡ設立の目的はイギリスの世界支配体制を維持するためとなっています。実は隠れた目的は急激な成長を続けるアメリカの支配だったのです。

名前は仰々《ぎょうぎょう》しいのですが、内実はロスチャイルド家が支配する英国貴族と産業界のリーダーの集まりです。ここで決定されることが後日英国議会の決定となるようです。

今日の世界情勢を見てみると、イギリスは政治的にも経済的にも、アメリカに一歩ゆずっているように見えます。ところが、それは表面上だけで肝心なところはしっかりと押さえているのです。CFRは、RIIAのアメリカにおける出先機関の役割をになっているのです。

ヨーロッパに基盤を持つロスチャイルド家とアメリカを基盤とするロックフェラー家が勢力争いをしているという説もあるようです。たしかに取るにたりないささいなことでは対立していますので、表面上はそう見えることもある。しかし実際のイニシアチブはロスチャイルドが握っています。そして世界統一政府の設置という肝心なところでは両者は一枚岩のような強固な関係を維持しているのです。

同時多発テロも長い目で見れば、国際金融資本家達の最終目的である世界統一を視野に入れて計画されました。しかし、短期的にはEUの北米版である北米連合の成就《じょうじゅ》を後退させてしまったのは、ゆがめない事実です。

ビルダーバーグ

次にこのRIIAの指示によって、国際金融資本家のリードの下に白人中心の世界支配体制を維持するために、第2次大戦後にヨーロッパで設立されたグループがあります。名前はビルダーバーグ・グループと言います。

1954年にオランダのオスタービークという町にあるビルダーバーグホテルでの会合から始まりました。第2次大戦後の西ヨーロッパとアメリカの関係を堅持するという目的で、欧米の各方面に影響のある個人、会社社長、政治家等300人がオランダのベルンハルト王子の呼びかけで集まりました。これを初回として以来、毎年6月に世界中の何処かの最高級ホテルで会合を重ねています。

出席できるのはヨーロッパと北米に居住していて、オランダのライデンにある事務局から招待された人のみです。毎年100人前後に限定されています。出席者の肩書きは、中央銀行関係者、国防関係者、マスコミの大物、各国の大臣、首相、王族・貴族、国際的金融関係者です。

以前はまったくこの集まりに関する情報が出ませんでした。現在は会合の場所、議題などは前もって発表されるようになりました。しかし会場で実際に討議されたことは一切公開されません。

このグループの秘密ぶりは徹底しています。集まる会場になるホテルが貸切になるのはもちろん、部外者は一切立ち入り禁止。宿泊客だけでなくホテルの従業員も除外され、ホテル全室の盗聴器探査が行われます。そして自分達の信頼する料理人、ウエイター、ハウスキーパー、重装備の警備員を連れてきて、会場になるホテルが会期中運営されます。過去のアメリカにおける会場には、ほとんどロックフェラー家所有のホテルが使用されてきました。

2007年の会合はイスタンブールのリッツ・カールトンホテルで行われました。会場はおびただしい数の警官や、民間のガードマンで厳重に警戒され、関係者以外はマスコミも入ることは許可されませんでした。

マスコミが長い間まったくこの出来事を報道してこなかったのは、出席者の中には多くのニュースメディアのトップがいるからなのです。

アメリカでは無名の存在だったジミー・カーターやビル・クリントンは、大統領選挙に立候補する前にデービッド・ロックフェラーの口ききによってこのビルダーバーグ・グループで紹介された。それによって、大統領への道が開けたと言ってよいのです。

TC（三極委員会）

次が三極委員会《TC》（トライラテラル・コミッション）と呼ばれるグループです。

故宮沢喜一元首相やソニーの故盛田昭夫が会員でした。日本では日米欧三極委員会として設立当初マスコミに頻繁に登場していますから、名前だけは聞いたことがあるという人は多いと思います。ですが本来の目的は何なのか知らない人の方が多いのではないかと思います。

ビルダーバーグ・グループとは違って、より経済的な面からメンバーを選んでいますが、活動の目的は、もちろん国際金融資本家達の世界統一政府設立を助けることです。

設立が1973年と比較的新しいのですが、設立のアイデアはデービッド・ロックフェラーです。経済的な躍進がめざましかった日本を、ビルダーバーグ・グループに加えたくて会議で提案しましたが結局否決されてしまった。そのために、カーター政権の外交問題特別補佐官だったズビグニュー・ブレジンスキーに命じて立ち上げさせました。

アメリカの上院議員バリー・ゴールドウォーターが、アメリカ人からの見方を語っています。

「三極委員会は国際的なグループで、アメリカ政府の政策をコントロールすることによって、企業と銀行が世界中にビジネスを展開しやすくするための道具なのです」

三極委員会はビルダーバーグ・グループとは少し性格が違います。より大きな視野を持ち、会員も日本、アメリカ、ヨーロッパの企業経営者、労働組合代表、経済学者、銀行家、政治家とマスコミ関係者が主で、ゴールドウォーターが指摘したように経済的な面が大きいのです。

会員の多くは、実際に世界を動かす国際金融資本家達の中枢に近い人たちではありません。しかし、間違いなく彼らの目標である、世界統一政府設立に焦点をおいて活動を展開しています。

当初は欧米の会員の他は85人の日本人しかいませんでした。2001年以降現在では韓国、中国を始めとしてオーストラリア、ニュージーランド等の環太平洋諸国からの会員が増えています。それで、「日米欧」と呼ぶのは適切でなくなっています。現在北米の会員は107名。欧州は150名の枠のすべてが埋まり、アジアは75名の日本人、11名の韓国人を筆頭に総勢107名になっています。

アメリカ人の会員にはデービッド・ロックフェラーを筆頭に多くの大企業のCEOや経営者がいます。その他に〝パパ〟ブッシュ、ジミー・カーター、ビル・クリントン、ディック・チェーニー、ヘンリー・キッシンジャー、ズビグニュー・ブレジンスキー等アメリカ政界の大物達が並んでいます。構成メンバーの人選がアメリカと欧州で違う特徴として、アメリカでは経済界と政界の両方に関係している人が多いということがあげられます。

その例として政治の世界で知られているキッシンジャーは、チェース銀行の国際関係担当の委員会の議長をしていました。〝パパ〟ブッシュは長い間、兵器・武器関連企業であるカーライル・グループの顧問をしていました。ディック・チェーニーは副大統領になる直前まで、本来は石油掘削会社で、現在はイラク復旧事業の多くを入札なしで獲得したハリバートンの社長をしていたといったような事実があげられます。

日本でも欧州でも実業界から政界に転出して成功した人物は存在しますが、アメリカの場合は行ったり来たりして両方に関係している人が多いのです。

経済界と政界の両方に関係する人間がアメリカには多い。今世紀初頭からアメリカの企業が世界中に進出したときに、軍隊を企業の用心棒として使っていた名残といえます。

変貌していくアメリカ

欧州の銀行家達は1776年のアメリカ独立前から暗躍していました。国造りの方向を模索していた誕生間近な新興国の政界に影響を及ぼし、何度か議会に中央銀行の設立を法制化させようとします。この頃はまだマスコミも健全で国家と国民のための報道をしていましたから、欧州の銀行家達にやられっぱなしになりませんでした。経済の発展とともに、繁栄が一般市民にも行き渡り、全国民が自由の国アメリカでの生活を楽しんでいたのです。ところが、19世紀の終わり頃から国際金融資本家達の牙がアメリカの議会全体に及びます。彼らの思惑通りに1913年に連銀制度を設立させ、徐々に変化が起こりはじめたのでした。

彼らは金融界を支配して経済をコントロール。マスコミを使って使い捨てを美徳とする消費文化を発達させました。また国民の愚民化政策の一環で早朝から深夜までテレビを娯楽番組で埋めました。ウォール街を中心とする金銭至上主義を助長。金融資本主義という、実態のない砂上の楼閣に等しい考えを価値のあるものとして国民に浸透させてきたのです。これが、まさしく独立以来長い間健全だったこの若い国を、統合失調状態にまで追いやってしまった一因なのです。

その結果、戦後長くアメリカの屋台骨を支えてきた中産階級の人達が没落。少数の持てる者と大多数の持たざる者という格差社会が出現したのです。

しかしこの生活環境の変化も100年近くかかって徐々に浸透していったのと、マスコミの誘導がたくみだったために、アメリカの国民の大多数派は熱いお湯の中での生活にも、いつしか慣れてしまったのでした。まえがきで紹介した蛙のたとえと同じです。

そしてその必然的な結果として、21世紀に入った現在のアメリカは、政府の教育予算削減による教育現場の荒廃と、毎月のローンの支払いに追われた両親の不在による家庭の崩壊が起きました。学力の低下のみならず非行に走る子供達が増えたばかりか年々犯罪が凶悪化。そのうえ連銀と政府が推し進めた国民の総奴隷化。借金地獄による中産階級の没落に端を発したサブプライム・ローンの破綻は、アメリカの経済ばかりか、世界中の経済に悪影響を及ぼすまでおちいってしまったのです。瀕死の状態です。

話は少し飛びますが、国内問題を軽視するブッシュ政権の方針の犠牲になったのが、2005年の8月に米国南部一体に壊滅的な被害を出し、特にニューオリンズの市街の80%

を水没させてしまったハリケーン・カトリーナの被害にあった人々です。

ブッシュ政権は2001年の同時多発テロ後、国民の安全を守るためにというスローガンを掲げて、国防費増額を優先。それ以来長い間国内の各種の予算を削減し続けてきたために、緊急事態に出動して救援の主流となるはずのFEMA《フィーマ》（連邦緊急事態管理局）が、まったく機能しなかったのです。これが復旧活動を長引かせ、被害を甚大にした直接の原因だったのです。

ブッシュ政権のうわべだけの助けは、実質的な動きを伴わなかったために救援活動は過酷を極めました。任務にあたった警察官や州兵の中から逃亡者が出て、自殺者もいたくらいでした。

政府から盗聴、監視されるアメリカ

第2次大戦後の国民誘導が効いて、長い間国民が何も言わなかったことをいいことに、マスコミを使った国民コントロールが成功しました。これに味をしめた国際金融資本家は、軍産複合体とつるんで同時多発テロという世紀の大惨事を計画するにいたってしまったのです。そのうえ同時多発テロ以降にブッシュ政権が作った法律は、憲法が保障している基本的人権を無効にしています。

これ以後アメリカ政府は、電話やメールの盗聴を大っぴらにできるようになったことをご存知の方もいると思います。その他にテロリストの捜索という名目においては、捜査令状なしでの家宅捜索と市民の拘束が可能になり、弁護士不在の裁判で判決を下せるようになったのです。また真偽のほどはわかりませんが、電話で特定の言葉を喋ると盗聴がスタートするようになっているという噂があります。NSA（国家安全保障局）という機関は全世界単位で盗聴を行っているようです。皆様もアメリカに電話をかけるときは充分ご注意ください。

このNSAという役所は設立が1952年と比較的新しい組織ですが、アメリカの諜報活動の中心をになう働きをしています。24時間体制で主に海外情報の収集と分析を行っています。その3万1000人の職員全員が生涯の箝口令《かんこうれい》を誓約させられていて、予算額はCIAとFBIを合わせたよりも大きいことはわかっています。しかしそれ以外の詳細はすべてが秘密という不気味な諜報機関です。

2007年に封切されたブルース・ウィルスの人気映画『ダイ・ハード4・0』では、アメリカが壊滅的な打撃を受けたときに全米の富を集約するシステムを、サイバーテロリストが狙うというストーリーでした。その問題のシステムを構築したのがNSAという設定でした。

またNSAは世界中の要人の声紋を持っています。電話でその人の声が入ると自動的に録音が始まって、のちに翻訳して保存。世界中の要人の弱みを握っているという半分嘘のような話を聞いたことがあります。

この地球規模の盗聴システムはエシュロン（Echelon）と呼ばれています。NSAが中心になってイギリス、カナダ、オーストラリア、ニュージーランドの4カ国が参加して、現実に機能しているのです。

2001年5月1日に成田空港で拘束されたドミニカ共和国のパスポートを持つ人物が、北朝鮮の金正日の長男金正男と判明。面倒なことになるのを恐れた小泉政権が彼とその一行を国外退去にして片付けた事件がありました。この情報はエシュロンを使って情報をつかんだアメリカから、日本政府に知らせがあって当局が動いたと言われています。

2007年の映画『ボーン・アルティメイタム』においても盗聴シーンが登場します。ニューヨーク市内のCIA施設にいる職員が、ロンドンの町で使われる電話と携帯の会話をリアルタイムで聞きながら、ロンドンの町中に設置されている監視カメラの映像で主人公の動きを追っていく様子が描かれています。アメリカにいて世界中の電話の会話を聞き監視カメラを見ることが、すでに可能かもしれません。

また電子メールの盗聴（盗み見と言った方が適切かもしれませんが）も常に行われています。ブラックリストに名前の載っている人がキーボードでたたく一言一句や、通信相手の名前はもちろんのこと、訪れるウェブサイトのURLまでも記録に残していると言われています。

要注意人物ばかりではありません。名もない一般人の監視も行われているのは確実のようです。30年の軍隊生活で勲章までもらった退役軍人が、友達とやりとりした電子メールの内容が不適切として、FBIが突然家宅捜索に来て取り調べを受けたことが報道されています。

FBIの電話の盗聴に関連する新しいところでは、2008年の3月10日に全米をかけめぐったニュースがあります。現役のニューヨーク州知事が「エンペラーズクラブ」と呼ばれる国際的な売春組織の常連だった事件です。彼が2月13日にワシントンDCに出張したときに、ニューヨークから高級コールガールを旅費・滞在費等の全経費を自分持ちで呼び寄せて、一晩を一緒に過ごしたという記事が、ニューヨークタイムズのウェブサイト版に突然お昼頃掲載されたのです。その記事には、出張してくる女性の名前、髪型、髪の色、背丈、体重等の情報について、知事が電話でその組織の人間と話している内容が詳しく書かれていたのです。それを伝えるCBSラジオのニュースは、FBIの盗聴によって発覚したとはっきりと口に出していて、FBIの盗聴が世間で大っぴらに認められていることがよく認識できる報道でした。この売春クラブの料金体系は下は1時間1000ドルから、上は1時間5500ドルまであって、ワシントンに出張した女性は1時間2300ドルの女性だったことまで明らかになったのです。

エシュロン。地球規模の盗聴システムは、一般人の生活まで監視している。

当時のニューヨーク州知事エリオット・スピッツァーは、ニューヨーク州の司法長官を８年務めてから、ジョージ・パタキの任期満了後の選挙に民主党から出て知事になりました。司法長官時代には〝ミスター・クリーン《清廉潔白》〟の別名をたまわったくらいに、ウォール街を中心にしてホワイトカラーの犯罪を主に摘発。当時のニューヨーク証券取引所の所長まで起訴したくらいの辣腕《らつわん》で通っていました。将来は大統領の可能性もあると噂されていたのですが、この一件で彼の政治生命が終わることが確実になりました。

ウォール街にはかなり彼を恨んでいる人間がいたと噂されていました。ＦＢＩはだいぶ前から知事とこの組織の関係をつかんでいたのに、この時期におよんで暴露されたのは、なにか意味があるはず。ただ単に彼の失脚を画策する人間が何かの拍子にＦＢＩ内部の資料を知って、それをニューヨークタイムズに流しただけではない。他にもっと大きな隠された意図があるのではないかと思います。ちなみに彼はヒラリーを支援していました。民主党の大統領候補を選ぶ委員会の委員でもあったのですから、この事件によってヒラリーは大きな味方を失ったことになります。

ところで米国愛国者法においてはテロリストの定義は明記されておりません。法律の専門家によれば、友人同士３人以上の食事会を、テロの相談をしているかもしれないという憶測だけで捜査が開始できるそうです。この法律はアメリカの全国民を対象としているというのです。

ここまでくるとアメリカの錯乱状態の原因は、歴代政権にその責任のあることがわかると思います。読者の中にはなぜこれだけ支離滅裂な政策を実行しているのか、疑問に思われる方もあると思います。この理由を理解するためには17世紀のヨーロッパにまでさかのぼる必要があるのです。

20世紀初頭から始まったアメリカ社会の変化は、根が深い問題です。国際金融資本家達のゴールである世界統一政府樹立のための必要不可欠な過程として、アメリカを経済的にも社会的にも、そして政治的にも破壊する隠された計画がありました。19世紀のヨーロッパの銀行家達の決定に沿って、20世紀に設立されたＲＩＩＡとＣＦＲの活動のたまものということができるのです。

それでは最終章では、そのあたりの事情とともに国際金融資本家達の誕生の経緯と考え方、そしてその目的を紹介することにします。

第3章
国際金融資本家達の究極目標は通貨による世界一極支配

同時多発テロ11ヶ月前に知っていたニコラス・ロックフェラー

ＣＦＲ（外交問題評議会）から勧誘を受けた芸能関係者の1人にアーロン・ルッソがいます。彼はベット・ミドラー主演の『ローズ』や、エディー・マーフィー主演の『大逆転』等の映画を世に送り出した著名な映画プロデューサーです。

彼が1994年に始めた番組『Mad as Hell《マッド アズ ヘル》』（心底から怒っているんだ）がＣＦＲの目に危険とうつったようで、ロックフェラー一族の主要メンバーの1人ニコラス・ロックフェラーの方から彼に接近してきて、やがて2人は友達として親しく付き合い始めたのです。

ニコラス・ロックフェラーは名前はそれほど知られていませんが、弁護士の資格を持ち、デービッド・ロックフェラーの従兄弟《いとこ》にあたります。ロックフェラー財団の中国コネクションの中心人物で、言うまでもなくＣＦＲの終身会員です。

『Mad as Hell』はアーロンの独演のコメディーショーの形態をとりながら、アメリカの抱えている問題をゲストを招きながら追及するものなのです。

彼の主張の根本は、「現在のアメリカはもう自由の国ではない。一党独裁の警察国家になりつつある。それなのに、マスコミが政府にコントロールされていて、現状がまったく一般の人に伝わっていない」というものです。

映画監督アーロン・ルッソ。

アーロン・ルッソとニコラス・ロックフェラー。ニコラスは、9・11の同時多発テロを11ヶ月前に指摘。また、ウーマンリブのカラクリと、資金提供の背景までしゃべっていた。ロックフェラー一族の恐ろしさが伝わる動画である。*⑥
（YouTubeより）

現実に起きているいまわしい事件や、新しく作られた法律の意味と設立の背景を、専門家に解説してもらう番組です。非常にわかりやすく、たくさんの一般の人に混じって元FBIの高官や、現役の上院議員までショーの観客としてスタジオに来ているのです。ニコラスはアーロンをCFRの会員に推薦するからと誘いましたが、彼は興味を示さなかった。それで、今度は話すことによってアーロンの考えを変えていこうとしたのですが、結局アーロンは最後まで自分の考えを変えませんでした。

アーロンとニコラスはいろんなことを話し合いました。ニコラスは、9・11事件の起きる11ヶ月前に謎めいたことを伝えてきたのです。「ある事件が起きるぞ。その後あなた達は、山の中の洞穴に隠れているアラブ人を探すアメリカ兵の姿や、アフガニスタンとパキスタンの人達を頻繁にテレビで見ることになるんだ」とアーロンに話したのです[*6]。抽象的な表現ですがこれは間違いなく同時多発テロと、その2週間後にスタートしたアフガニスタン侵攻を話している。

「その事件をきっかけにしてテロとの戦争が始まる。テロというのは概念なのだから実際の敵は特定できない。これはアメリカ政府が国民を操縦する方法なのだ」とさらに語ったのです。ニコラスはこのとき、中東が落ち着いたら次は南米のチャベスだと言ったのです。

ベネズエラは1976年に石油を国有化。欧米の石油メジャーをベネズエラから追放してしまいました。ベネズエラの石油採掘には政界に入る前の3代目のネルソン・ロックフェラーが、自ら現地に滞在して関わっています。それほどロックフェラー家にとっては関係が深い。それを勝手に取り上げられたので、我慢できなかったのかもしれません。

ちなみに現在までに欧米の石油メジャーが開発した石油採掘施設の国有化を実施した例はいくつかあります。1950年代初頭のイランのモサデッグ政権、1958年のイラクのカセム政権、1972年のイラクのサダム・フセイン政権、1976年のベネズエラ、1979年のイラン・イスラム革命によるイランです。しかし最初の2つはCIAの秘密工作によってつぶされ、3つ目のフセインはブッシュに言いがかりをつけられ、アメリカ正規軍を使ってつぶされてしまいました。

現在残っているのはイランとベネズエラです。ボリビアのモラレス政権が、2006年に石油の国有化を宣言していますので、中東が片付きしだい南米が標的になるのは確実と思います。

ニコラスがアーロンに同時多発テロのことを話したのは2000年の10月でした。この頃は大統領選挙運動たけなわでまだブッシュともゴアともわからないときなのです。

しかしニコラスは1年後のことを、既成の事実のように必ず起きることとして話している。ということは、この頃にはすでにブッシュが大統領になることと同時多発テロの発生と、その後のアフガン侵攻までのシナリオは細部まで出来上がっていたはずです。準備も万端整っていて、あとは仕上げにかかるだけになっていたことがうかがい知れます。

国際金融資本が軍部とネオコンを操って、長い間かけて計画をねった壮大なプロジェクト。その第1ステップであるブッシュを是が非でも大統領にする策略は、フロリダ州の共和党を中心にして1996年にスタートしました。ニコラスがアーロンに話した頃にはフロリダ州知事ジェブ・ブッシュとも話がついていた。フロリダでブッシュがゴアに負けそうになってきたときに採用する対応策も含めて、2段、3段のバックアッププラン（次善策）が考えられていた。着々とその準備がととのえられていたのです。

ウーマンリブの真の目的――女性が働けば所得税は倍増し、家庭も崩壊する！

ニコラス・ロックフェラーがアーロンに話した中でとても私の興味をひいた話が1つあります。

あるときニコラスがアーロンに、「ウーマンリブをどう思うか」と聞いてきました。

アーロンは「女性の権利が向上することによって外に働きに出やすくなる。彼女達の会社における地位も上がる。給料も良くなるから良いことだと思う」と答えました。するとニコラスは「お前は馬鹿だ。何もわかっていない」と笑いながら言ったのです。

アーロンがむっとして「何で俺が馬鹿なんだ」と言い返すとニコラスは、

「我々ロックフェラー財団がウーマンリブ運動に資金を提供したんだよ。我々が新聞やテレビで大いにこの運動を盛り上げたんだよ。その大きな理由は2つある。1つ目は女性が外に勤めに出ると所得税が取れるので税収が増える」

後述しますが、連邦所得税の全額はロックフェラー家を始めとする国際金融資本家の懐に入るようになっています。ニコラスはそこまでは言っていませんが、所得税収が増えると彼らの懐が温かくなるという筋書きなのです。

「2つ目は家庭が崩壊するので、子供の教育が母親から学校やテレビに移っていく。我々が子供をコントロールしやすくなる」とニコラスは、ロックフェラーが女性の権利向上を積極的に支援した理由を、アーロンに説明したのでした。

女性の地位が向上することは、ある意味においては女性の人権向上につながりますから良いことでしょう。しかし、その運動を積極的に推進したロックフェラー財団の真意はまったく違うところにあったのです。母親が外に出ることによって自由時間の増えた子供はテレビを見て過ごす時間が増える。必然的にテレビの影響を受けやすくなる。国民の洗脳を子供の頃からスタートさせたいがために、ウーマンリブ運動を推進していたというのです。ここに先進国に共通した児童犯罪の増加と低年齢化の一因があるのです。

児童犯罪の残虐化の大きな原因は、やはりテレビにあるのではないでしょうか。子供は1日の大半をテレビを見ることに割《さ》く。殺人事件をテーマとする警察物や刑事物を毎日のように見ていれば、子供は深層意識の中で殺人が異常なことではなく、日常の出来事のように感じるようになる。そう私は思うのです。

そしてその〝児童犯罪推進番組〟の究極が、2006年にケーブルテレビで始まった、『DEXTER』という殺人犯をテーマにした番組です。マイアミ警察殺人課の血痕分析官である犯人が、人を殺してその血をコレクションするという異常趣味のために、殺人を繰り返すというストーリーなのです。

ケーブルテレビは有料ですから視聴者は限られていました。しかし、この異常な番組がエミー賞を取るに及んで、全国ネットのCBSが2008年から日曜日の夜10時に放送を開始したのです。午後10時という時間はこちらでは小学生でも起きていて、まして中学、高校という多感な時期の年齢の若者にとっては、一番元気が出てくる時間帯なのです。

異常性が高いほど話題を呼んで視聴率が高くなる。そのため残虐さがどんどんエスカレートしていきます。この殺人美化番組を善悪の判断がつく大人にしか見せないのであればまだわかるのです。しかし、無垢《むく》の子供に見せるのは、マスコミが児童犯罪を助長しているとしか考えられません。

ところでアメリカのマスコミと学校の教育システムは、利口な国民を作らないようにしていると訴える人達がいます。

いわゆる愚民政策と呼ばれて昔から施政者の好む政策です。『広辞苑』には「為政者が民衆を無知の状態におとしいれて、その批判力を奪おうとする政策」とあります。それを歴代のアメリカ政府が継続した政策として、実行していると彼らは言っているのです。

この人達によると、政府は国民全体を映画やＤＶＤや音楽コンサート等の娯楽や、各種のスポーツ参加や観戦に熱中するように仕向ける。ただ毎日を楽しく過ごしていれば満足するような人間の集まりに、変えていこうとする政策をとっているというのです。

確かに国民が趣味や娯楽に熱中して毎日を楽しく生活していると、政府批判など起きにくいでしょうから政府にとっては非常に便利な政策です。

また教育や洗脳は、子供の頃からスタートさせた方が効果が早く出るでしょう。子供がテレビやコンピューターゲームにうつつをぬかす時間を増やすための策として、母親を家庭から引き離すために女性の権利向上運動が推進されました。為政者の長期的な見地に立った効率的な支配方法です。

近年の学校の学力調査における米国児童の平均数値は、年々低下していく傾向にあります。ＯＥＣＤ（経済協力開発機構）による世界57ヶ国・地域の15歳を対象にした２００６年の国際学習到達度調査において、アメリカの科学の順位は先進国中最低とも言える29位、数学は35位で結果かなりひどかったのです。

かつては国際的に標準だったアメリカの教育が、今やＯＥＣＤの平均にも達していないと嘆いた米国のメディアもあります。アメリカの教育レベルの低下は明白な事実ですから、ロックフェラーの計画は、着々と効果を表していると言えるのです。

ちなみに日本は科学が6位で数学は10位ですから決して悪くないのですが、2003年の順位はそれぞれ2位と6位なのですから日本のレベルが落ちたのか、他の国が伸びたのかはわかりません。テストの結果だけがすべてとは思いませんが、しかしこのままいくと科学技術の面で、日本を抜く国が出てくるのは必定のようです。

ところでロックフェラー財団はウーマンリブ推進のための事務所を北京に持っています。中国においてもアメリカと同じことを起こそうとしているようです。中国でも家庭の崩壊が起きるのは確実です。将来的に中国の教育レベル低下が始まるかどうかは定かではありませんが、アメリカにおいては今や現職大統領にまで影響がでているのです。

ブッシュ大統領こそ教育レベル低下の標本

アメリカの大統領職につく人というのは立派な人格と高い良識を併せもっていると、つい この前まで大多数のアメリカ国民のみならず世界中の人間が認識していたと思うのです。ところが今はそんなことを思っているアメリカ国民はほとんどいなくなりました。外国において多くの国の人達は、アメリカの大統領を諸悪の根源のように思っているように感じます。現実に現大統領ブッシュが外国訪問をするたびに、行く先々における反ブッシュデモの様子がニュースに流れてくるのは、周知の事実です。

これほど劇的にイメージが変化した職業も珍しいでしょう。この変化はウォーターゲート事件に関連して、ニクソンという人物の性格の悪さがマスコミで報じられたことから徐々に始まって、二流の俳優だったレーガンが大統領になったことで、誰でも大統領になれるという認識が固まりました。クリントンのセックススキャンダルで、大統領もその辺にいるただの男だ、という認識が決定的になったように思います。

そのうえに現大統領ブッシュが出現しました。落ちていく一方のアメリカ大統領のイメージはここにきて加速度的に悪くなり、ブッシュ在職8年目の今ではこれ以上は悪くならないというレベルにまで落ちてしまっています。

ブッシュは母校のエール大学に招かれて講演を行ったときに、「この学校を卒業すると、(成績が)Cレベルの人間でも大統領になれ、中退しても副大統領になれる(ブッシュの成績はCで、副大統領ディック・チェーニーはエール大学中退です)」と自分の成績の悪さを逆手にとって、逆説的にエール大学は素晴らしいところだと在校生の前でぶちあげたことがありました。自分は優等生ではない、と公言してはばからないところがあります。

(注:アメリカの学校の成績は、A―優等、B―やや優秀、C―普通、D―やや落ちる、F―落第の5段階に分かれる。本を読まないことで定評があるブッシュが、気が遠くなるほどの読書量を要求される東部名門大学をCの評価で卒業できたのは、親の七光り以外の何物でもないのは自分でもよく認識しているようです)

アメリカには小学校4年生程度の読み書きをできない大人がなんと4400万人いると言われています。わが愛するアメリカ大統領ブッシュはその中には絶対に入っていないと、努めて思おうとしていますが、時々ぐらつくことがあります。

ブッシュ大統領が本を読まないのは有名です。「本というものが素晴らしいのは、きれいな絵が描いてあることだ」と言ったことがあるくらいです。字を読まないで本に書いてある絵を楽しむのは、やはり4年生ぐらいのレベル……？

アメリカでは本を読むのは人口の3％、新聞を定期的に読むのは15％といわれています。その代わりテレビはほとんどの人が見ているという統計が出ています。本など読まなくても日常の生活には何ら支障はないですから、ブッシュもテレビばかり見てきたようです。彼の本を読まない習慣は大統領になった今でも続いているといいます。毎朝大統領の執務室に届けられる報告書にもまったく目を通さないらしく、側近が読んで聞かせているという話です。

彼はまた自分の無知ぶりを時々披露《ひろう》して、笑いを提供してくれるのです。

その1つなのですが、彼は人種の融合が世界で一番うまくいっていると言われている多人種国家ブラジルの大統領に、「あなたの国には、黒人はいるのですか？」と聞いて、周囲の人達をあわてふためかせたことがありました。また〝アフリカ〟は大陸の名前ではなくて国名と思っていたという話はよく知られています。

笑い話を1つ。

「ブッシュは神童なのです。なぜなら彼は10歳のときに、すでに現在と同じレベルに達していたのだから」（『世界反米ジョーク集』より）

〝馬鹿〟〝あほ〟〝マヌケ〟ブッシュの爆笑喜劇

彼はエール大学を卒業後ハーバードのビジネススクールに入り、そこの卒業証書も持っているほどの高等教育を受けている人間です。ところが彼のしゃべる英語には文法的な間違いが多く、話す内容も意味の通じないことがあり、一部には失語症という診断があるほどです。

かの発明王エジソンも失語症だったと言われています。しかし彼の多くの発明が今日の我々の生活に非常に役立っていることを考えると、失語症であっても発明に関しては立派な業績を残せるものなのでしょう。しかししゃべることが国内のみならず世界中に大きな影響を及ぼす超大国アメリカの大統領という職業は、失語症の人には少し不向きではないかと思います。

また彼は40歳までアルコール依存症だったことは、よく知られた事実です。一旦アルコールを口にするとへべれけになるまで飲み続けるのが常。飲酒運転で逮捕され一晩留置所に留め置かれたこともあり、ローラ夫人ともそれが原因で別離寸前までいったことがあるそうです。素直にうなずける話です。その彼のDNAを受け継いでいるためか、双子の娘が両方とも大学時代にアルコール依存症と診断されたのも無理からぬことと思うのです。それが40歳になったときに、友人に誘われて聖書研究会に顔を出すようになってからしばらくして、心を入れかえたのか突然アルコールを口にしなくなったようです。

それ以後の彼は、テキサス州知事になり、現在は大統領として低い支持率にあえぎながら、そして夜のナイトショーのホストの格好の餌食になりながらも、根気よく話題を提供してくれているのですから、頭の下がる思いです。

しかし評判は悪いですが彼にはなかなかユニークな面があって、父親も含めて過去の大統領にまったく見られなかった面——いわば学生気分のまま現在にいたっている喜劇役者のような面があるのです。

この彼の一面を夜のトークショーのホスト達が物笑いのネタにして全米に放送していますので、ちまたではただ単にブッシュと言わないで、〝馬鹿ブッシュ〟、〝あほブッシュ〟とか〝間抜けブッシュ〟と一言付け足して言うのが通例になっています。彼は同時多発テロを遂行するための道具として、周囲からうまくおだてられてその気にさせられてしまったのであって、自分でなりたくて大統領になったわけではないのです。なので馬鹿呼ばわりされるたびにきっと心の中ではつらい思いをしているに違いないと、同情の念を禁じえません。

喜劇役者の道を選んでいたら、チャップリンを超える人気を得ていたのは確実だ、などと言うのは世界広しと言えども私ぐらいだと思いますが、他のどの大統領の追随もゆるさないユニークなブッシュの言動を少し紹介します。

自分がテキサス州知事だったとき、弟のフロリダ州知事のジェブ・ブッシュのことを、テキサス州知事と紹介しているのですが、これなどは彼独特のジョークなのです。

それから子供からホワイトハウスはどんなところか聞かれて、「白いよ」と答えたり、彼の誕生日に記者からどんな気持ちか聞かれて、「少し年取ったような気がする」と平然と答えたことがあるのです。この受け答えは喜劇役者以外の何物でもないと思います。

彼はまた時々、周囲の人にはまったく意味の通じないことを口にします。

演説の途中に「魚類と人類は平和に共存していける」と言ったことがあり、また別のところで「この2~3ヶ月間、私はアルカイダに訓練を受けていた」とも言ったことがあるのですが、どう考えても前後の意味が通じなくて、私は悩んだ末に、単なるジョークと受け取って、深く意味を考えないことにしたのです。

彼の演説の一部分だけ強調するとまったくおかしなことになる場合が多いのですが、興味のある方は英語の勉強のつもりでYouTubeに行って、Bushで検索してみてください。

ただしYouTubeはGoogleと違って、政府の検閲に協力的なので削除されるビデオが多く、常に内容が変化していることを承知ください。

以下に、彼の喜劇役者としての持ち味を充分に見せてくれるビデオを2つ紹介します。

①ブッシュの記者会見の席上での様子です。これは必見ですよ！黙って聞いている記者達の目には、馬鹿にした雰囲気を通り越して哀れみに近い感情が出ていると思うのは、私の思い違いではないと確信します。最後に彼が一言「私はただ知らないだけです」と言って壇上を去るとき、その後姿に私は一抹の寂しさを見たような気がします。それにしても、質問の内容が非常に気になります。

http://www.youtube.com/watch?v=f6gqXYS9eYc&NR=1(1:00)

検索するときはややこしいURLの代わりに、YouTube内の検索欄に、George bush doesn't know what to say と打ち込むと出てきます。

②絶大な人気を誇る『デービッド・レターマンショー』において、ブッシュの陽気な一面を見せてくれています。でもこの彼のしぐさは、どう見ても小学校低学年の子供にしか見えないのです。ひょっとして読み書きだけでなく、精神年齢も小学校4年程度なのでは……。かなりぐらついています。

検索は、George W Bush WHAT??? です。

http://www.youtube.com/watch?v=au1ZOA9iH3I&mode=related&search=

ニコラスを始めとするロックフェラー家が中心になって運営している、アメリカの陰の政府とも言えるCFRは、表向きはアメリカの国益を最優先して政策を立案しているように見えます。しかしCFRの資金提供をしているのがロスチャイルドやロックフェラー等の国際金融資本家と呼ばれる人達であることから想像できるように、CFRが真に最優先するのは国際金融資本家達の世界戦略を支援することです。そしてその根本をなす指令はRIIAから来ているのです。

そしてRIIAを牛耳る国際金融資本家達の最終目的は、金融を通じた世界支配なのです。

その世界支配の一環として彼らが行っているのは、英国銀行の支配で味をしめて以来、ヨーロッパを手始めとして世界中の国々の中央銀行を私立企業化する手口。そのうえ個々の国々の法制を改革して中央銀行を政府から独立した権限を持つ存在にすることによって、自分達のコントロールの下に動くようにすることなのです。アメリカ独立以来、心ある政治家達を潰した挙句、1913年に設立された中央銀行が連邦準備銀行なのです。

それ以来、資本家達が濡れ手であわの甘い蜜を100年近くの長い間なめ続けています。この連銀の存在こそがアメリカとアメリカ国民の両方を奴隷にしている直接の犯人なのです。

安定どころか混乱をまねく連邦準備制度

全米に散らばる12の連邦準備銀行を管理する連邦準備委員会[*⑦]の制度は、1913年に立法化されて今日まで続いています。

通常国家の中央銀行は、一般の銀行と違って一般大衆と取引はせずに、国内の市中銀行や時には大企業や他の国の政府・中央銀行と取引します。

そして公定歩合の取り決めと市中に出回る通貨の供給量をコントロールするので、その国の経済状態と密接に関係していて景気を左右します。考えようによっては一般の市中銀行よりも一般の人達の生活に密接な関係があると言えます。

1つの例として、日本における1980年代のバブル経済が発生したのも、そして1990年代にそのバブルが崩壊したのも、日本銀行の金融調整によって引き起こされたという専門家がいるくらいです。バブル崩壊の影響は日本の国民全員に及んでいることは、アメリカ在住の私が今さら申す必要もないと思いますが、それほどに国家の経済に及ぼす中央銀行の役割は大きいのです。

現在の連銀が設立されてから、連銀の発行する通貨の供給量と米国で起きた経済の動向の関係を見てみると、その影響力の大きさが明確に認識できます。

また連銀の設立を強行したときに金融資本家達が使った言い訳は、「経済と金融の安定が人為的に図れるから」というものでした。しかし過去に起こった出来事を見ていくと、安定どころか人為的に経済を混乱させて、自分達の利益の増大に利用していることが歴然としているのです。

アメリカ経済の浮き沈みはＦＲＢのさじ加減次第

〈１回目の人為的恐慌〉

１９１４年から１９１９年にかけて連銀は通貨の供給量を倍に増やし、地方の中小銀行に貸し出しました。企業や個人に対する貸し出しローンが激増し景気は上向いたのですが、１９２０年にいきなり連銀は、すべてのローンの回収を銀行に命じたのでした。

突然のことですから返済ができない企業や個人が続出。必然の結果として企業の倒産が相次ぎました。連銀設立前の１９０７年にＪ・Ｐ・モルガンが中心になって引き起こした経済パニックと同じような混乱に、全米がおちいってしまいました。しかし自分達は全米規模で５４００行もの倒産の危機にさらされた中小の銀行を、ちゃっかり二束三文で買いたたいて手に入れたのでした。

これに味をしめたとみえて、続いてもっと大きな混乱、世界大恐慌を引き起こすのです。

〈2回目の人為的恐慌〉

1921年から1929年の間に、再度連銀は通貨供給量を62％増やしました。このときも企業や個人に対する貸し出しローンが増大。その他に株式市場においてマージンローンと呼ばれる新しい形のローンが売り出されたのです。

これは株を買ったときに支払いに必要な金額の10％を積めば、金融ブローカーが残り90％の金額のローンを組んでくれるというもの。簡便だったことも手伝って誰もが利用。小さな元手で大きな儲けを手にして、株式市場は空前の盛況を呈しました。この頃にダウ平均株価は5年間で5倍に高騰しました。

しかしこの簡便なローンには落とし穴があって、貸し手は好きなときに返済を要求できたのです。通称マージンコールと呼ばれたこの返済請求があったら、その返済期限は請求のあった時点から24時間以内と規定されていたのです。

この規定は考えようによっては非常に危険な拘束条件です。しかし万が一マージンコールが起きても、その場で株を売却すればローンの返済ができると、マージンローンを利用した人達は教えられていました。それでさほど気にも留めずどんどん利用したのでした。

そして1929年の夏頃からジョン・D・ロックフェラーとその仲間達は、自分達の所有していたすべての株を目立たないように徐々に売却。株式市場から全資金を引き上げたのです。

一方、一般の人は知らないまま。金融会社が10月24日（木曜日）にマージンコールを出したときに一般の人は、パニックのように手持ちの株を売り出しました。市場は買い手がまったくいなくて売り一色。当然ですが株価の大暴落が始まり、不穏な空気に警察が出動するという事態にまで発展。この日だけで市場関係者11人がショックで自殺するという悲劇まで起きてしまったのです。これが後に〝暗黒の木曜日《ブラック・サーズディ》〟と呼ばれた株の投売りが一気に起きたことの真相です。これがきっかけになってこの先10年という長い期間、世界中が大不況にあえぐことになったのは歴史上の事実です。

この世界大恐慌はアメリカ国内だけでも無数の企業倒産を引き起こし、失業者がアメリカ中にあふれました。この騒ぎで1万6000もの銀行が倒産に追い込まれたのです。

このときロックフェラーを始めとする金融資本家達は、倒産した企業と銀行のめぼしいものを、二束三文の安値で買いたたいて自分のものとしたのでした。

経済のアップダウンは通貨の供給量と密接に結びついています。通貨供給量を調整する権限を持つ中央銀行が、私的な利益追求にまい進する特定のグループの指示の下に政策を決めていくと、必ずそのグループの利益のためだけに利用されることになる。迷惑をこうむるのはいつも一般大衆なのです。

原価で買いとり、利子までつけて紙幣を国家に貸し出している!!

中央銀行が私立銀行であることの弊害は、経済を勝手に左右する他に、もっと大きな問題が1つあるのです。

〝ならず者国家〟をのぞけば、日銀を含めて世界中の独立国の中央銀行は通貨発行の権利を持っています。これが一般大衆だけでなく国家そのものに最も大きく悪影響をもたらしているのです。

その特権によって、国の造幣局が印刷した紙幣を中央銀行が原価並みの値段で買い取ります。それを政府は中央銀行から額面通りの値段で借りる。その結果として利子の支払い義務が生じていることなのです。

通貨発行の権利のやりとりは、私利私欲に走る資本家達と心ある政治家達の熾烈《しれつ》な戦いです。アメリカでは建国以来過去8回にわたってこの2者の間を行ったり来たりしています。

現在は資本家達が1913年以来おいしい蜜をなめ続けています。この通貨発行の権利こそ金融資本家達が国家を支配するために使う、一番有効で強力な手段なのです。

独立した国家の通貨発行の権利を歴史上最初に獲得したのは、1694年に始まった英国銀行です。やがてこの英国銀行も欧州の主要国の中央銀行と同じようにロスチャイルドの支配下に入ってしまいます。

現在は欧米のみならず、世界中の先進国、発展途上国の区別なくすべての独立国家の中央銀行は、彼らの支配下にあります。そもそも私立の中央銀行の成り立ちは中世のイギリスにそのルーツがあります。

銀行の発生、中央銀行誕生の経緯

銀行は古代から存在していますが、今日のような形態の銀行の走りになるのは中世ヨーロッパにおこったゴールドスミス（金匠、金の鍛冶屋）です。

一般の人達が自分の所有する金塊を安全のために、ゴールドスミスの持つ金庫に預けていました。ゴールドスミスは預かった金塊の証明として紙1枚の預かり書を発行したのです。人々は重い金塊を持ち運ぶ代わりにこの紙の預かり書を持ち歩いて、売買に使いはじめたのでした。ゴールドスミスは最初は人々から金塊を預かり、預かった分だけの預かり書を発行していたのです。これが銀行のはじまりです。

この銀行の起源において、元々民間の業者が自分の預かった金塊の量に応じて発行していた預かり書こそが初期の紙幣で、個々の業者によって金額もデザインもまちまちでした。

そしてその預かり書はいつでも金塊と交換できました。金塊を預けているお客が金塊の返却を要求したらいつでも返せるように、自分が保有する金塊の額以上の預かり書を発行することはなかったのです。しかしやがてゴールドスミス達はお客が一気に押しかけてきて金塊の返却を要求するような事態は、めったに起きないことに気がついたのです。

また自分が発行した金塊の預かり書の総額を知るものは自分しかいません。やがて秘密裏に自分の保有する金塊以上の額面の預り書を発行し、他人に貸し出した。そうして、巨額の富を得るようになるのです。他人から預かった金塊をベースにして、その何倍もの金額を貸し出すのですから、露見したらおおごとですが、儲けは大変に大きいと言えるのです。

自分の持っていないものを貸して、それに対して料金を取ることを一般の人がやると詐欺と言われて手が後ろに回る行為です。法律が銀行にだけ許可している天下公認の詐欺行為はここから派生してきたのです。

ニューヨークの繁華街の一等地には、必ずと言っていいほど銀行があります。詐欺的商業行為から生み出された利益がいかに莫大なものになるかを、私達に教えてくれているのです。

ところで私立の銀行が国家の中央銀行として公に通貨発行の権利を持つにいたったのは、1694年設立の英国銀行に端を発します。

オランダやフランスなどと戦争の続いたイギリスは、これ以上の自分の領地に増税することは無理でした。当時のイングランド王ウィリアム3世は通貨発行権がどれほど大きなパワーを持つのか、よく理解していなかったと言えます。彼は戦費の用立てを銀行に頼り、その代償としてそれまでばらばらだった通貨を1つにまとめ、その発行元を英国銀行のみとする特許状を与えたのです。

国王たるものお金が必要だったら、自分で紙幣を印刷して支払いに回せばよいのですが、それができなかったのはゴールドスミス以来の社会通念が定着していたことによります。それまでの慣例で、紙幣は市井《しせい》の銀行が発行していたので、ウィリアム3世は自分が紙幣を発行するなど考えつかなかったのだと思います。

ロスチャイルド「私に国家の通貨供給をコントロールさせてくれ」

通貨を発行すること自体は、国家であれ私立企業であれ、供給量さえ間違っていなければ大きな問題はないのですが、私立企業であることが問題になるのは国家から利息を取るからなのです。

原価で引き取った紙幣を（日銀券は額面の大小にかかわらず25円）、国家には額面通りで売り、そのうえ利息まで取るのですから、その利益は莫大なものになるのです。

それに加えて、日本も含めてアメリカ以外の国に関しては資料がありません。利子を支払うための明確な資金の出所《でどころ》は不明です。アメリカの場合のその利子の出所は連邦の個人所得税で、国民のために使われるべき税金がFRBへの支払いに消えているのです。これは無駄以外の何物でもなく、国民を貧乏にしているという主張がここから生まれるのです。

ところでこの通貨発行権の重要さを見抜いたのが、欧州の全中央銀行を支配するきっかけを作ったロスチャイルド家の祖のマイヤー・アムシェル・ロスチャイルド（自分の5人の息子をフランクフルト、ロンドン、パリ、ウィーン、ナポリに配し、それぞれ中央銀行を作らせてその後のロスチャイルド繁栄の基礎を作った人物）です。

彼の有名な言葉です。

「私に国家の通貨供給をコントロールさせてくれ。そしたら誰が法律を作ろうが気にならない」

この特権のうまみを英国銀行を通じて知ってしまったロスチャイルド家が、ヨーロッパの主要国の中央銀行を自分の配下においてしまうのは、自然の流れでしかないのです。

ところで日本の場合はどうでしょうか。明治維新を終え開国のエネルギーに燃えた若者達が、ざんぎり頭で当時の最新の文化を誇る欧州に渡りました。政治、経済、銀行制度を含めた金融制度を始めとして多くの成果を持ち帰りました。こうして文明開化の香りただよう留学生達は、帰国後、日本の体制作りに貢献することになります。当然のことながら、銀行制度を含めた新政府のシステムの全てが欧州の制度を模倣してできたのです。

渡欧経験のあった渋沢栄一が設立した日本最初の銀行は、名前にこそ国立銀行とついていましたが純然たる民間組織でした。それでも通貨の発行権を持っていたのでした。

この天下公認の詐欺行為を認められた事業のうまみの大きさを認識した人々は多かったようです。1879年まで3年間に153行もの国立銀行（これが現在のみずほ、三井住友、三菱東京UFJ等の民間銀行になります）が作られ、このすべてが紙幣を発行していたのです。驚くべきことです。

この通貨発行特権は1882年（明治15年）の日本銀行条例制定による日銀設立まで続きます。この153行もの民間の銀行乱立のきっかけを作った国立銀行条例をまとめさせたのは伊藤博文です。伊藤はアメリカのシステムを研究させたのですが、中央銀行のみが持つ通貨発行権を、銀行という組織の持つ一般的な権利と勘違いしていたように思います。

ロスチャイルド家の勃興

国際金融資本家の走りとなったロスチャイルド家の起源は、1743年にモーゼス・アムシェル・バウアーという名のユダヤ人のゴールドスミスが〝赤い盾〟という名前のコインショップを、ドイツのフランクフルトに開いたことから始まります。

彼の息子でマイヤー・アムシェル・バウアー（1744―1812）が、店の名前である赤い盾《レッドシールド》Red Shieldのドイツ語表記Rothschild《ロートシルト》に姓を変えたのが正式なロスチャイルドのはじまりです。

このときロスチャイルドが住んでいたフランクフルトの、ユダヤ人ゲットー内にあった家に一緒に住んでいたのがシフ家です。のちにアメリカに渡りロスチャイルドのエージェント（代理）として働き、巨万の富を築くことになるジェイコブ・シフ（1847―1920）は、この家に18歳のときまで住んでいました。

マイヤー・アムシェルは幸運に恵まれたこともあったのですが、一般の人間よりも王族や貴族との取引に専念し、ヨーロッパにおけるロスチャイルド家の基礎を作ったのでした。

マイヤー・アムシェルが18世紀後半に長男のアムシェル・マイヤー（1773―1855）に本拠のフランクフルトを継がせ、他の4人の息子をウイーン、ロンドン、ナポリとパリに送ってそれぞれ銀行を設立させました。その国の王族や貴族と取引させた結果、当時植民地経営で繁栄を極めたヨーロッパの主要国のすべてにおいてロスチャイルド家の所有銀行が中央になったのでした。

彼らの儲けがいかに大きかったかを示す1つの例として、パリのロスチャイルドの銀行の資産は、当時のフランスに存在した全銀行を合算したものを優に凌駕《りょうが》し、当時のフランス国王よりも財力があったといいます。

西洋の主要国でロスチャイルド家が入り込めなかったのが帝国ロシアでした。ロスチャイルドはこの国の打倒に心血を注いでいて、当時のお金で2億という大金をばらまきました。ユダヤ人嫌いで知られていたニコライ2世打倒に執念を燃やしたのです。

日露戦争を資金面で支援したのがロスチャイルドです。戦費調達のために日銀副総裁の高橋是清が欧米を回ったときに、日本の国力ではロシアに勝てないという説が一般的でしたから、日本の国債に買い手がつきませんでした。ところがロスチャイルドの命を受けてアメリカの銀行家ジェイコブ・シフが、国債をすべて引き取ってくれたのでした。

そのお陰で日本は戦争を続行でき最終的に勝つこともできたのです。しかし日本はロシアから戦争賠償金を取ることに失敗。戦後長い間、日本は戦争国債の返済に苦しんだのでした。最終的には完済しましたが……。

日露戦争というのは近代において、非白人国が初めて白人国を打ち負かした歴史的出来事でした。それが植民地からの独立運動をしていた多くの非白人国の人達に、どれほどの希望を与えたかその影響は計り知れないものがあったのです。

例えばインド独立後の初代首相となったジャワハルラール・ネール氏が、日本勝利のニュースを聞いて「暗闇の中に、明かりを見た」と述べたことはよく知られた話です。ネールは17世紀の半ば以来、長い間イギリスの植民地となっていたインドの独立に、マハトマ・ガンジーとともに闘った人物です。

これ以後独立運動が世界中で活発化したのは歴史上の事実です。しかし皮肉なことに、ロスチャイルド家の帝政ロシア打倒の執念がなかったら、この世界史に残る出来事も起こっていなかった可能性が大きいと言えるのです。

学校の歴史の授業では教えてくれませんが、近代史における多くの歴史的出来事はこの金融資本家達の存在を抜きにしては語れないのです。

ロスチャイルド家は金融事業からスタートしました。やがて軍事も含め政治以外の多種多様な分野に一族の人間が進出。また婚姻を通じてヨーロッパ中の上流階級にくまなく根を張ったのでした。

特にロスチャイルドの支配が顕著なのはイギリスです。貴族社会を含め政界を除くイギリス内のありとあらゆる分野にロスチャイルドの血を引く人間が入っています。代々のロスチャイルド本家を継ぐ当主は、世界第2の金融都市ロンドンのシティー・オブ・ロンドンと呼ばれる一種の治外法権を有する世界の中心地域を支配する13人委員会のトップに位置しています。

ロスチャイルドがヨーロッパでどれほどの力があったのかを示すエピソードがあります。ナチスドイツがパリを占拠したとき、パリのロスチャイルド家の人々はすでにアメリカに逃げていました。その豪勢な邸宅は無人になっていたのですが、ナチスの司令官は恐れをなしたのか、占領中まったく邸宅に手を触れなかったという逸話が残っているのです。

アメリカのロックフェラー家は初代が実業界で巨万の富を築き、2代目から金融に中心を置いて、今では政界にも進出しています。政界にはまったく進出しなかったヨーロッパのロスチャイルド家とは違った発展の仕方を見せています。これはかたやWASP《ワスプ》で、かたやユダヤ人の違いではないかと思います。

ロックフェラー家の勃興

アメリカにおける金融資本家は、ジェイコブ・シフやJ・P・モルガン（1837―1913）に代表されます。彼らのように、ヨーロッパのロスチャイルド家の支援を受けて、当時はまだ新興国だったアメリカの産業振興に投資して巨万の富を築いた人物が多く存在します。その中で特異な存在はロックフェラー家の礎《いしずえ》を築いたジョン・D・ロックフェラー（1839―1937）です。

彼は会計士から身をおこして灯油事業に進みました。当時最も羽振りのよかったJ・P・モルガンから融資を受けて、世間から卑劣な男と非難されながらスタンダード石油を創業。法律すれすれの手段でアメリカの石油関連事業90％を支配する巨大な会社に育てあげたのでした。石油事業の独占をいいことに、高価格の販売を続け巨万の富を蓄積しました。しかし、世間の高まる非難に政府も野放しにできず、ついに独占禁止法を適用。34の会社に分割されたのが、今日のモービル、アモコ、エクソンとシェブロンになったのです。

ジョン・D・ロックフェラーは宗教的には華美を禁じ質素を美徳とする、キリスト教プロテスタントの一派バプテスト派を信仰していました。1900年代初頭にニューヨーク市郊外に建てた、当時のお金で数十億ドルを費やした自宅には、娯楽に関係した設備や部屋は一切ありませんでした。家族がくつろぐ居間と食事用のダイニングルームが大きな部分を占めていて、巨万の富を所有する家族の家としては非常に質素な造りと言えます。彼の信じた宗教が華美な生活をいましめていたので、彼は終生その教えを守ったのでした。

彼はもともと慈善の人だったようで、一介の会計士として働きはじめたときから、自分の収入の10%を毎月慈善活動に寄付することを欠かさなかった人なのです。

そのため自分が築いた巨額の財産は、家族への相続と多くの慈善事業と寄付によって、死の床についたときにはわずかなものになっていたようです。

それに引き換え、巨額の財産を相続した息子によって同じ敷地内に建てられた屋敷は、父の建てた建物より3倍も大きい。9ホールのゴルフ場、屋外の水泳用プール、テニスコートを家の周りに配し、屋敷の中には玉突き場、フルサイズのボウリングレーン、パーティー用の巨大な宴会場が設けられました。敷地の中は非常に広大。現在もロックフェラー家の10家族が敷地内に住んでいるのです。

2代目ジョン・D・ロックフェラー2世になると子供の頃から贅沢《ぜいたく》が身についてしまっ

スタンダード石油を創設し世界最大の石油会社に育て上げたしたジョン・D・ロックフェラー。彼の孫ネルソン・ロックフェラーはフォード政権の副大統領、もう一人の孫ウィンスロップ・ロックフェラーはアーカンソー州知事、曾孫ジョン・ロックフェラー4世は現在アメリカ合衆国上院議員。

スタンダード石油が発行した証券にロックフェラーの署名が見える。

たのか、初代とは生活スタイルがまったく違ってしまったようです。

こうなると考えも違っていくようで、初代が巨万の富を築いた実業界から離れ、金融業界に進出。やがて彼はチェース銀行を支配下に置いてしまうのです。

ちなみに初代の弟ウィリアム・ロックフェラーはシティーバンクの前身のシティー・バンク・オブ・ニューヨークの設立にかかわり、彼の孫ジェームズはシティーバンクの頭取に就任しています。ニューヨークの2大銀行であるチェースとシティーの両方とも、ロックフェラーの影響下にあると言えます。

ロックフェラー邸に飾られたピカソ作品は、一見の価値あり

初代が建てた家は、フォード政権の副大統領だったネルソン・ロックフェラー（ロックフェラー家3代目）が、1979年に死んだあと国に寄贈しました。現在は美術館として見学することができます。*⑧

私は今まで3回見に行きました。居間から望むハドソン川の眺望、家の中に置かれた古今東西の素晴らしい陶磁器、部屋の片隅のテーブルの上にそれとなく置かれたロダンの彫刻、計算されて庭に配置されたジャコメッティ、イサム・ノグチ等の一流の作家のオブジェ……いつまで見ていても飽きない素晴らしいところです。しかし私が一番好きなのは、

地下の殺風景なホールの天井から無造作にぶら下げてあるピカソのタペストリーです。ネルソンがピカソに直接頼んだ作品です。20世紀最高のタペストリー織りと言われたスペイン人の女性の手になった10枚ほどの、ほとんどが抽象画ですが、高い天井から床まで届いている大きさだけに大変な迫力があります。

西洋には古くからタペストリーが存在します。他の美術館でも中世の作品などを見ましたが、それらにはあまり興味がわかなかったのです。ところが旧ロックフェラー邸のタペストリーはまったく別物なのです。

ピカソの抽象画は独特の雰囲気があります。それが高い天井から床まで届く大きさになっているのです。迫力の面では額に入れられて壁に掛けられた絵画の比ではありません。大きければ良いというものでもないと思うのですが、ここにあるピカソは一見の価値があると思います。

私は行くたびに、ワインを片手に持ちながらこのタペストリーの前に陣取って、ゆっくりとピカソの世界に浸っていたいな……という、かなわぬ思いにかられています。

所得税を徴収する内国歳入庁（ＩＲＳ）は、憲法違反！

現在のアメリカは連邦準備銀行が通貨発行の権利を持っています。政府はお金が必要なときには連銀から借りることになり、そのつど利子が生じています。言い方を換えれば、造幣局で印刷される紙幣のすべてに、アメリカ政府は利子を払う義務が生まれているのです。

現在の連銀制度が設立されたとき（1913年）に、政府が支払う利子が、巨額になることはじゅうぶん予想されました。そのため金融資本家達は時の政府を抱き込んで、国民の税金で利子に当てることを制度化させようとしたのです。

その目的で白羽の矢が立ったのが、以前に憲法違反の最高裁判決がでている「所得税徴収」です。その所得税徴収を扱う役所が内国歳入庁[*⑨]（IRS）なのです。連銀と同じ年の1913年設立です。

米国憲法には、「直接個人から徴収する税金は均等に割り当てられなければならない」旨が書かれています。そのため所得の額に応じて額が違う累進《るいしん》課税《かぜい》による税金は違法です。過去に何度か戦争時に徴収をこころみた政権があったのですが、ことごとく最高裁から違憲判決が出て取りやめになっているという経過がありました。

そこで今度は外見だけでも、憲法改正に必要な上院と下院の投票で定数の3分の2の賛成を取ったようにみせかけようと、ほとんどの議員がクリスマス休暇で議会が空っぽの12月23日に形だけの採決を取った。翌日財務大臣ウィリアム・マッカドーに所得税徴収が修正第16条として憲法に追加されたと声明を出させたのです。

しかし憲法改正には、最終的に4分の3以上の州が批准《ひじゅん》して初めて発効する規定があります。金融資本家達は、その段階を経ていないのですが、うやむやのうちにアメリカ政府に貸したお金の利子を所得税という形で確実に国民から徴収していける制度を確立したのでした。

もちろんのことマスコミは、内国歳入庁という新しい役所を設立してまで開始した所得税徴収の目的を伝えませんでした。連銀の発行する通貨の利子として連銀に支払われることを一切報道しなかったのです。

所得税の使い途を調べたレーガンを暗殺せよ

「所得税はまったく国民のために使われていない！」

こんな重大な事実が明るみになったのは、CFRのメンバーではなかった元レーガン大統領の功績です。

彼は大統領就任直後にピーター・グレイスという実業家を委員長にして通称グレースコミッションと呼ばれた特別委員会を作りました。どの歴代政権も実行していなかった、徴収した税金の使い途《みち》を調査したのです。

このときの調査によって初めて、個人の連邦所得税の全額が利子の支払いのために連銀に支払われていて、1セントのお金も民衆のために使われていないことが発覚したのです。これほど衝撃的な事実をレーガンが調査するまで、アメリカでは誰も知らなかったのです。

細かい事を言うようですが、連邦と州の所得税が憲法違反と判断をくだしているのは、裁判所です。今までいくつかの判例で、IRSが敗訴しています。数年前のデータでは、全米で6700万人もの人が所得税を意図して申告していないと言われています。しかし何のお咎めもないようです。

しかし所得税の判例に関して最近はまったく様子が違ってきています。現在地方裁判所の裁判官の中に、「最高裁判例は不適切」として、税金を申告せずに修正16条の違憲性を一般に広めている活動家を有罪と決め付けて陪審員を誘導するケースが出てきています。下級裁判所の裁判官が、最高裁判例を不適切と言い切ってしまうのですから、法律を守る立場の裁判官が憲法を無視しているのです。こんなことでいいのでしょうか？

連邦の所得税の全額が利子の支払いにまわされているのは確かなことですが、全額をカバーしているかどうかまでは、いまだに誰も知らないのです。なぜかというと、連銀が国にチャージする利率が不明だからです。そして連銀は毎年印刷する紙幣の量（つまり国に貸し出す金額）の公表を取りやめにしました。だから、どれほどの金額を国が借り、どれ程の利子がつくのか誰も知らないのです。

利子の支払いに関してこういう事情ですから、元金に至っては溜まっていく一方ではないかと思います。

映画『ゴールドフィンガー』で狙われたフォートノックスの金塊は、ドルが金本位制だった頃に必要で備蓄したアメリカ国民の金塊です。ロン・ポール氏によると、毎年財務省がこの金塊を調査することが義務付けされているにもかかわらず、近年は全く行われていないのだそうです。連銀が元金の担保としてフォートノックスから持ち出してしまったので、フォートノックスは空っぽらしいとは、ポール氏の弁です。

余計なことかもしれませんが、日本も一度徴収した税金の使途調査をやってみたら、何が出てくるか面白いかもしれません。

この使途調査が原因かどうかはわかりませんが、就任してから3ヶ月もたたない3月30日にレーガンに22口径の銃口が向けられ、6発の弾が発射されるという事件が起きたのです。

レーガンを護衛する3人のシークレット・サービスが弾丸を受け、1人が脳に弾丸が入り下半身不随になりましたが一命を取り留めました。レーガンも弾丸が肺にまで達しましたが、心臓から9センチ離れていたのが幸いして緊急手術で弾丸を摘出し、幸いにも死者は1人も出ませんでした。

余談ですが、命にも関わる大手術を受けるその手術台の上で、手術の準備に忙しいスタッフに向かってレーガンは「あなた方全員が、共和党員だったらいいのにね」と、軽口を飛ばしたのでした。

それを受けて執刀医が「大統領閣下、今日は我々全員、共和党員です」と答えたことが後日報道されたのですが、この手術時に見せた彼の沈着さとユーモアが、レーガンの評価を大いに高めたことは、万人の認めるところです。

ところで不思議なのは、その場で逮捕された犯人の背景です。犯人とされたジョン・ヒンクリー・ジュニアには精神障害があったとされました。彼の父親は共和党の指名をレーガンと"パパ"ブッシュが争っていた時に、"パパ"ブッシュに多額の政治献金をしていた。またヒンクリーの兄は事件当日の夕方に"パパ"ブッシュの2番目の息子のニール・ブッシュと食事の予定があった。このことから推察されるように、ブッシュ家とヒンクリー家は家族ぐるみの付き合いがあったのです。そして裁判で犯人のヒンクリー・ジュニアは精神障害を理由に無罪になっています。

デービッド・ロックフェラーの下僕である"パパ"ブッシュを副大統領にすえたのは、CFRのメンバーでないレーガンが、万が一おかしなことをやりはじめたときの金融資本家達の保険だったのです。レーガンはこの暗殺未遂事件にこりたのか、金融資本家達の神経をいらつかせるようなことは以後しなくなりました。逆に暗殺未遂事件からちょうど2年後の1983年3月23日に、通称スターウォーズ計画と呼ばれて、発表当時は非現実的と非難されたほど巨額の軍事費を必要とする戦略防衛構想を発表。国防予算を大幅に増加させて軍需産業を大いに喜ばせるということを実行しています。

この構想が打ち上げられたとき、かの有名な天文学者カール・セーガンが「地球のみならず、宇宙までも破壊しようとする狂気の沙汰」と非難したほどで、科学者だけでなく身内であるはずのペンタゴン内部からも批判的な意見が出たほどです。当時はもちろんのこと現在の科学力をもってしてでも、いまだに実現不可能な防衛システムだったのです。

IRS廃止をうたい大統領選に出馬したロン・ポール議員

修正第16条を違憲として、国税庁の存在と所得税徴収は憲法違反だから即時撤廃するべきだと主張して、2008年の大統領選挙に共和党から立候補した熱血漢がいたのです。それがロン・ポール氏です。私が尊敬するただ1人の現役政治家です。

この人物はインターネット上においてはダントツの支持率を誇りました。共和党候補者11人の中のトップと自他共に認めていたジュリアーニが、1月末に選挙戦から脱落したあとも元気に生き残りましたが、マスコミは意図的に彼の名前を出さないので、名前を聞いたことがないという人も多いのです。

余談になりますが、ふんだんな選挙資金を使って共和党の大統領候補レースのトップを走っていたはずのジュリアーニが、序盤戦のアイオワ州とニューハンプシャー州は最初から捨てていたので勝てなかったのは理解できるとしても、全力投球したはずのフロリダ州においても3位とふるわなかったのは非常に驚きでした。政策面で同じ方向のジョン・マケインがトップ争いをしていますから、敗北の原因は政策でないことは確かです。ひょっとしてジュリアーニが同時多発テロに関係していた疑惑が知られてきたのでしょうか？

本題に戻って、2月5日の決戦の火曜日《スーパー・チューズディ》が過ぎて残った共和党の候補者は3人。ジョン・マケインとマイク・ハッカビーと、もう1人が内国歳入庁（IRS）廃止をうたうロン・ポール氏で、テキサス州出身の共和党下院議員です。

ロン・ポールの主張は明確です。内国歳入庁の撤廃《てっぱい》、所得税の廃止、連銀制度の見直し、世界中に散らばるアメリカ軍の呼び戻し、国際連合とNATOからの脱退、自由貿易の推進、死刑制度廃止、地方自治の拡大、連邦政府の権限縮小。こうした素晴らしい政策の他に、銃規制の撤廃、妊娠中絶禁止などの時代錯誤的な政策も持っています。

彼の政策の根本にある立憲主義の立場はどんなものか、アメリカ建国時に制定された憲法の精神に立ち戻ろうというものです。当時の考えである国内の充実と開発に専念、対外問題には不干渉の立場に戻ろうというものなのです。

ベンジャミン・フランクリンなどのアメリカ建国の父と言われる人達と同じ立場です。ヨーロッパの金融資本家達が新興国アメリカを食い物にすることを最も警戒していました。当時のフランクリンらが残した文書や演説からも明白です。

アメリカ憲法は、「プライバシーの尊重」という個人の人権を国家の利益よりも重視します。大変に進歩的な憲法です。世界中の独裁国家は、その精神を学ぶべきです。が、いくら素晴らしいとはいえそれをそのまま現代に当てはめようというのは、少し無理があるように思うのです。それが今ひとつロン・ポールの主張が一般の人に受け入れてもらえなかった原因ではないかと思います。現在のアメリカの政策と彼の政策を足して2で割るとちょうど良いのではないかと私は思うのです。

ただ少し心配なのは、彼は公約の1つに連銀制度の見直しをうたっていました。これは金融資本家達の一番嫌うことなのです。

暗殺された4人の大統領の悲願とは

ちなみに過去において在職中に亡くなったアメリカの大統領は7人います。そのうち在任1ヶ月で肺炎で亡くなった9代目大統領ウィリアム・ハリソンと、消化不良で亡くなった12代目大統領ザカリー・タイラーと、4期目就任してまもなく脳卒中で亡くなった32代目のフランクリン・ルーズベルトを除く残り4名の元大統領は、全員が連銀から通貨発行の権利を議会に取り戻そうとした人達なのです。

ちなみにその人達の名前は16代目のエイブラハム・リンカーン、20代目のジェームズ・

ガーフィールド、29代目のウォレン・ハーディング、35代目のジョン・F・ケネディーの4名です。リンカーンとケネディーの暗殺を知らない人はいないほど有名です。

ガーフィールドの死因は列車の中で、精神病歴を持つという弁護士に背後から44口径のリボルバーで撃たれたとされています。ところが体内から弾丸が見つからず、医師が殺菌もしない手で傷口をいじくりまわしたのでした。それが本当の原因だと思うのですが、2ヶ月半後に感染症で死亡してしまったのです。結局弾丸は最後まで見つからないままでした。

一方ハーディングもまた不可思議な死に方をしています。1923年の6月に列車での全国遊説旅行でアラスカからの帰りに、カナダ領内で重い食中毒にかかりサンフランシスコに着くと肺炎を発症。2ヶ月後の8月に心臓発作で鬼籍に入りました。

食中毒というのは表向きで毒をもられたのが原因のようです。当時彼は妻と仲が悪かったので犯人は妻だという噂が流れましたが、同日発行のニューヨークタイムズ紙はハーディングの死因を、なぜか見当違いの脳梗塞《のうこうそく》と報じています。

このように通貨発行権のやりとりに関して多くの人がその志半ばで倒れています。7代目のアンドリュー・ジャクソンは通貨発行の権利を議会に取り戻し、彼の在任中にアメリカを無借金国にしました。大統領としての8年の任期を立派に務め上げ、老後はテネシー州のナッシュビル近くに所有していた家で余生を静かに暮らして、78歳の天寿を全うしています。

しかしこれほど資本家達に大きな打撃を与えた大統領を、彼らが野放しにしておくはずがなく、ジャクソンも危ない目にあっているのです。

1835年の1月にリチャード・ローレンスという男が、ジャクソンめがけて2丁の短銃から発砲しようとしたのですが、幸運なことに両方とも不発に終わり、犯人のローレンスはその場で逮捕され裁判にかけられました。その後、精神障害ということで無罪放免になったという事件が起きているのです。

後年ローレンスは、ヨーロッパの金持ちが無罪にしてくれると約束してくれていたので、心配なかったと友人に語ったことが伝わっています。

私はロン・ポール氏は本気で大統領になろうと思って出馬したのではなく、内国歳入庁や連銀制度に対する一般の人の意識の変革を図ることが一番の目的だったと思うのです。いかんせんケネディー暗殺後、大っぴらに資本家達に挑戦状をつきつけようという命知らずの政治家は誰もいなくなってしまいました。今回のロン・ポール氏は彼らにとっては久々に出た目の上のたんこぶなのです。

陰の支配者達は、今後は選挙のときに邪魔をして彼の下院議員としての議席を奪うように動くでしょう。彼の身に最悪のことだけは起きないことを、心から願ってやみません。

第7代大統領アンドリュー・ジャクソン「中央銀行を廃止せよ！」

米国の歴史上、金融資本家達が勝てなかったただ一人の大統領アンドリュー・ジャクソンの肖像画は、20ドル札に使われています。

ジャクソンは南部のサウスカロライナ出身で、幾多の戦争で功績をあげて政界に進出。最初の平民出身の大統領となったのですが、彼は14人存在すると言われているフリーメーソンの大統領のうちの1人で、決断力があり行動的で善も悪も含めていくつもの歴史的業績を残しています。

基本的には彼は北部の政治家が進める連邦中心の政治よりも、州に重きを置く地方自治を大事にしました。常に民衆に目を向けた政治を心がけていました。

現在米国では大統領が交代するごとに、政府部内と官庁の主な役職の総入れ替えが行われるのが慣例になっています。これを最初に実行したのがジャクソンなのです。

彼は州の政治を大事にして大きな連邦政府を嫌いました。その当然の結果として、中央集権につながる中央銀行の存在を嫌ったのでした。

それにもまして、ジャクソンは銀行家達の目的に気づいていました。中央銀行の再建につながる可能性のある事柄を、政府内のみならず議会からも徹底的に根元から引っこ抜いてしまいました。その後77年もの間、中央銀行はアメリカに存在しなかったのです。

彼が議会に送った中央銀行廃止の理由を書いた説明書の一節を紹介します。

「(中央銀行があると)我々の政府からのお金を受け取るのは、この国の市民だけではありません。この中央銀行の8億以上の株は外国人が所有しています。わが国にほとんど結びついていない銀行に、我々の自由と独立を侵す危険はないのでしょうか?(この銀行が)我々の流通通貨をコントロールし、一般市民のお金を受け取り、信用している多くの市民を惹《ひ》きつけていることは、敵の軍事的勢力より手ごわくて危険なのであります」

彼はヨーロッパ資本の中央銀行は、アメリカにとって害をなす存在になることを見抜いていたのです。彼はまた憲法に基づいて政府発行の通貨を使い、政府の借金を全額返済することに成功。これはアメリカ史上で最初で最後の出来事なのです。

ところで彼が進めた悪法に人種差別の見本である、インディアン強制移住法があります。ネイティブアメリカンであるインディアンから強制的に土地を奪い、彼らを未開地である西部に追いやってしまったのです。最高裁によって憲法違反と判決を下されたにもかかわらず、彼は無視して強制執行します。その大統領の違法行為に対して、最高裁長官は何の対策も打てず、インディアンが強制移住させられるのを黙って見ていただけでした。

現在のアメリカでは所得税徴収は違憲であると最高裁判決が出ている。にもかかわらず、政府は徴収を続けています。また2001年の同時多発テロ以降にジョージ・ブッシュが憲法に違反する法律をいくつも制定していますから、この国の政府が平然と憲法を無視するのは昔からの伝統のようです。司法の側からも何の行動も起こさないのも、昔からの伝統のようです。

三権分立《さんけんぶんりつ》というのはこんなはずじゃなかったように学校で教わったように思うのですが……。建前と現実は違うと言うことでしょうか。

現大統領ジョージ・ブッシュが、2005年11月に発した言葉を紹介します。共和党の議員が米国愛国者法案の更新は、憲法に抵触する恐れがあると述べたのに対しての発言です。「憲法について俺に講釈するな。そんなものただの紙切れじゃないか」。

連邦所得税の使い途は極秘のベールに包まれたまま

2006年の連邦の個人所得税の予定徴収額は9669億ドル（116兆28億円）で、同じ年の税収の予定総合計は2兆2000億ドル（264兆円）ですから、国の総税収のほとんど半分を個人の所得税が占めています。そしてその個人所得税の116兆円を超す大金の全額が国のためにまったく使われていないのです。

連邦の所得税は所得の額によって取られる率が違っていて、現在は16%から最高で35%なのですが、35%というのは個人の給料の4ヶ月分に相当するのです。

全アメリカ人が汗水流して働いた年収から4ヶ月分の収入を毎年内国歳入庁に納め、その全額が連邦準備銀行に渡されてしまうのです。しかもこの収入が連銀の中でいかに使われているのかは、誰にもわからないのです。というのは連銀は銀行とはいえ、1913年の設立以来監査報告を出したことがなく、各々の連銀を構成する株主の数も名前もわからないほど、すべてが秘密に包まれているのです。

全米に散らばる12の連銀の中で、中心的役割を担うニューヨーク連銀の株主は10名存在することが知られています。もちろんすべて会社組織なのですが、10のうち7つまでがヨーロッパの会社です。アメリカの会社は3つだけです。これは1913年頃はヨーロッパの資本の方が断然強かったので、こういう比率になったのだと思います。

それ以来連銀を通じてだけでも、毎年巨額のアメリカのお金がヨーロッパに流され続けている。これだけが原因ではないのですが、今ではアメリカ政府の財政状態は破産をとっくの昔に過ぎていて、誰にもどうしようもないところまできているのです。

ちなみに連銀と国税庁設立以前の国家の負債は10億ドル（1200億円）でした。それが1970年には4550億ドル（54兆6000億円）を越え、2008年の5月現在で9・3兆ドル（1116兆円）を越えています。2008年度の米国の国家予算は2・9兆ドル（348兆円）ですから、国家予算の優に3倍以上の負債を抱えています。そしてこれが毎日15億8000ドル（1896億円）の割合で急増しているのです。政府の支出増加と貨幣価値の下落という要因もありますが、本当の原因は連銀が政府に貸し出す発行紙幣の量と、それに対する利子の支払いが増加し続けていることだと私は断言します。マスコミも経済学者も誰も触れません。

ところで日本の予算総額は平成18年で82兆円程度ですが、負債は800兆円とも900兆円とも言われています。予算の10倍以上という米国をはるかに越えた状態にあるようです。この政府の巨額支出を追及し、税金の無駄遣いと不正を糺すことに専念したのが民主党の故・石井紘基議員でした。平成14年の6月12日の議員質問において、彼は不透明な予算数字のからくりを正し実質の支出は200兆円であることを明らかにしたのです。それに対して時の財務大臣塩川正十郎は「否定することがない」と彼の数字の正しさを認めました。当時一般には日本国の税収は40兆円、支出は80兆円ほどと言われ、足りない40兆円分は国債によって補っていると言われていました。ところが実際の支出は200兆円もあったのです。新たに表沙汰にされた120兆円は何処に消えたのでしょうか？　石井議員が今も活躍していれば、不透明な予算支出も少しは解明されていたかもしれません。この熱血漢あふれる議員は、7月31日に国会が閉会して3ヵ月後の平成14年10月25日に、凶漢の刃に倒れました。

アメリカがこのままいくとどうなるのかは経済学者でも予想がつかないようですが、確実なのは世界中に大変な悪影響を及ぼすのは間違いないということです。ニッチもサッチもいかなくなったら、アメリカは借金の帳消し、つまり国債の支払いを拒否するという説があります。そうなると自分達が多額の借金を抱えながらも、アメリカの大量の国債を後生大事に保持している日本という哀れな国はどうなるのでしょう。今の日本政府では泣き寝入りするしかないのかもしれません。

中国もアメリカの国債を大量に抱えていますが、彼らが日本みたいに泣き寝入りするとはとても思えません。もし武力で支払いを要求したら、第3次大戦が勃発《ぼっぱつ》する可能性があるのですが、その場合読者の方々はどっちが勝つと思いますか？

この全体主義国家アメリカに将来対抗しうる国の筆頭に、共産党独裁国家の中国が位置することは、誰しも異存のないところと思います。このアメリカと中国が全面戦争に突入したらどっちが勝つかという質問に対して、2007年にニューヨークの日本協会での講演の後で、石原慎太郎都知事が語った言葉があります。

石原慎太郎という人は歯に衣着せぬ言動で、何かとマスコミから叩かれることも多い。しかし、現在の日本においてアメリカに対して信念を持って〝NOと言える〟ただ1人の政治家であるという点においては私は政治家石原を高く買っています。

彼は「戦争の帰結は、人間の生命の消耗戦《しょうもうせん》」と定義して、「7000万人の自国民を殺してはばからない人（毛沢東）を国父としている共産主義政権に、3000人の米兵の死亡で政権が揺らぐ米国は対抗できない」と断言しています。気持ちの良いほど明確な論理で結論を打ち出しているのは、さすがだと思いました。

私見では近代兵器で圧倒的軍事力を保有するアメリカが有利、と最初は思っていました。しかしよく考えてみると、昔のベトナムもサダム・フセインのイラクも、兵器・武器の装備という面においては当時のアメリカとは比べ物にならないほど貧弱だったのです。しかし最終的にはベトナムが勝ちましたし、イラクからの撤退もブッシュは抵抗していますが時間の問題なのは明白です。最終的には〝人間の生命〟が戦争の帰結を決めるというのは真理のようです。

ただしこの質問を〝独裁国家同士の戦い〟という見地からすると、現在のアメリカは弱い。独裁国家としてはスタートしたばかりで、まだ基礎が固まっていない。だから3000人の兵士の死で政権も揺らいでいますが、もし将来、ヒトラーのようなカリスマ性を持つリーダーがアメリカに現れて強権を有する政権が出てきたときには、事情はまったく違ってくると思います。

話は現実離れしてしまいましたが、アメリカの時代が近い将来終わってしまう可能性があるというのは、非常に現実味のある話なのです。そのあたりの話を少し紹介します。

州政府は「県」というよりも「国」に近い

私達はアメリカの州を日本の県のように考える傾向がありますが、これはまったくの間違いです。むしろ州政府は外交を行わない1つの独立国家と考える方が近いのです。日本は中央集権国家ですから、地方政府は中央政府からの指示を地方に反映させる働きが主体で、いわば上から下の関係です。アメリカは州政府が憲法の許す範囲内で独自の法律を制定。司法・行政・立法の3権はもちろんのこと、全州ではありませんが現在でも昔の名残で軍隊を持つ州があり、州の決めたことを連邦が追いかける、いわば下から上の関係と言えるのです。

その代表的な例としてマスキー法案があります。メイン州選出の民主党上院議員エドマンド・マスキーが1970年に議会に提出。その後の世界の自動車業界の排気ガス削減の動きのきっかけになった法案です。これは1967年に専門の役所を設置して大気清浄化に取り組みはじめたカリフォルニア州政府の動きが、連邦レベルに上がった結果なのです。憲法にうたわれる連邦政府の役割は、基本的には2州以上に及ぶ問題の解決と、外国との交渉だけなのです。

ブッシュ政権が京都議定書を批准《ひじゅん》せず、世界中の非難を受けました。環境問題に関する決定権は、州政府が持っている権限です。排気ガス規制に関してカリフォルニア州が先陣を切っていることからわかるように、憲法上は連邦政府には批准する権限は無いのです。

したがってたとえ連邦政府が50州を代表して批准したにしても、京都議定書の取り決めを州政府に強制して実行させる権限はないのです。

独立の母体となった13州が、本国イギリスの圧政に耐えかねて1776年に独立宣言をしました。その後、大陸会議を開催して共同歩調をとることにして、ジョージ・ワシントンを最高司令官とする陸軍を結成。その頃世界第一の戦力を誇ったイギリス海軍を後ろ盾とするイギリス正規軍と戦い、フランスの助けがあってどうにか1783年にイギリスに独立を承認させているのです。

当時ヨーロッパの多くの国が、王様を頂点にした君主制か共和制をとっていました。そこへ王様がいなくて主権を一般民衆に置いた画期的な憲法を掲げた国が、本国イギリスを戦争で破って出現したわけです。ヨーロッパ中から移民がどんどん来るようになりました。その移民のエネルギーがやがて今日のようなアメリカの躍進の原動力になったと言えます。

現在においては主権在民《しゅけんざいみん》は当たり前になっています。しかし当時としては革命的な出来事でした。君主制の重圧に苦しんでいたヨーロッパから、より良き生活を夢見た移民が流れ込んできたのは当然の成り行きだったのです。しかしそれも20世紀初頭から大幅に様子が違ってきます。

特に同時多発テロ以降にその傾向が激しくなってきています。その根本にはヨーロッパに根城を持つロスチャイルド家はもちろんのこと、アメリカのロックフェラー家もこの国の軍需産業も、このアメリカという20世紀最大の繁栄を享受《きょうじゅ》した若い国がもたらす富をよってたかって食い物にして、最終的にはこの国を破滅に持ち込もうとしている。そうとしか考えられないような事実があるのです。

アメリカの堕落を象徴する麻薬ビジネス

その最たるものが、CIAによる麻薬取引です。

そんな馬鹿なことが……、と私も最初は取り合わなかったのですが、間違いのない事実なのです。

ベトナム戦争は、当時ゴールデントライアングル（黄金の三角地帯）と呼ばれていたラオスとタイ、ミャンマーの森林地帯から麻薬をアメリカ国内に持ち込むのに利用されました。

また同時多発テロ後のアフガン侵攻の目的は、パイプライン建設の他に、一時は世界の麻薬生産の70％を占めていたアフガンのケシ畑を確保するためと言われているのです。

その証拠に、タリバン政権が麻薬生産を禁止していた2001年の生産量は185トンだったものが、アメリカが占領してからの麻薬生産は毎年増加。2007年は8200トンにまで増加しているのです。（UNDOC「Afganistan Opium Survey 2007」より）

この大量の麻薬のほとんどがCIAによってアメリカに持ち込まれているのです。ちなみにベトナムからの麻薬は、兵士の遺体袋の中に隠し、アフガンからはCIA所有の飛行機に積んでアメリカ国内に輸送されています。

2007年に中東からキューバのグアンタナモ基地にテロリストの容疑者を輸送中の、CIA所有の飛行機がメキシコに墜落した事故から取引の実態が発覚しました。機内から4トンの精製されたコカインが発見されました。どのマスコミもこの事件を記事にしていませんが、独立系のジャーナリストがその飛行機の映像を動画サイトのYouTubeに載せたのですが、すぐに削除されてしまいました。

CIAの麻薬ビジネスは、本に書かれたり内部告発されたりと、1980年代から時々表面に出てきます。しかしホワイトハウスの指示で行われていますから、マスコミは絶対に大きく取り上げません。そういう状況の中で、テレビ局が取り上げた珍しい例を紹介します。

麻薬王クン・サーさえあきれるＣＩＡの裏ビジネス

１９８８年7月に放送された『モートン・ダウニーショー』で、ベトナム戦争に従軍した海兵隊グリーベレーの元指揮官をゲストに招いて、彼が現地で撮影してきた実際のフィルムを見せてくれる大変な内容のビデオが、２００７年の10月3日にYouTube[*⑩]に入りました。

この元海兵隊中佐が自分の部下とともに、タイ・ミャンマー国境の黄金の三角地帯を作り上げた麻薬王クン・サー（中国名：張奇夫）の秘密キャンプで会見している現場を撮影したビデオなのです。

なおクン・サーの履歴に関しては、インターネット上の百科事典ウィキペディアが詳しく記述しているので、参考にさせて頂きました。

かつて蒋介石の国民党軍は毛沢東が率いる共産党軍に負けて、台湾に逃げました。これと別行動をとったのが、第27集団軍所属の第93軍で、南方のタイに逃げ、国民党軍再建を願ってタイとミャンマー国境地帯で軍資金作りのためにアヘン栽培を開始したのです。やがてその中の一兵卒とタイの少数民族シャン族の女性との間に生まれた（１９３４年）男の子が、のちのクン・サーなのです。

クン・サーは成人してから国民党とは縁を切ります。アメリカの支援の下に、少数民族シャン族・モン族の独立を大義名分とするモン・タイ軍を結成しました。その2000名の兵隊を使って麻薬ビジネスを大々的に展開。黄金の三角地帯と呼ばれる世界最大の麻薬密造地帯を作り上げていくことになるのです。

そして1986年12月にジャングルの奥深く分け入った海兵隊中佐は、麻薬とは別の指令を軍の上層部から受けていたのですが、麻薬王《クン・サー》に「なぜコカインを生産して世界中にばらまくのか。早くそのような悪事は中止すべきだ」と話の頃合をみて切り出したのです。するとクン・サーは「ジャングル地域の住民と兵士を食べさせていくには他に方法がない」という弁明をしてから、「もしアメリカ政府が自分達の他の合法的な事業での自立を手助けしてくれるなら、翌年1987年のコカイン生産を900トン分減らし、1988年には1200トン分減らそう」と言うのです。そのうえ過去20年以上にわたって彼が直接やりとりしたアメリカ政府のすべての役人の名前の公表すると約束したのです。さらにクン・サーは誠実さの証として精製したコカイン1トンを、麻薬撲滅キャンペーンの責任者としてレーガンに指名された副大統領ブッシュへの手土産として渡すと、言い出したのです。

ショッキングなのはこの話の中で麻薬王は、「アメリカ政府は過去20年以上も最大のお客で、毎年1200トンもの大量の精製済みコカインを買ってくれている」と言ったので

①

②

③

④

①1988年に放映された番組でＣＩＡの麻薬取引が明らかになった。②司会者のモートン・ダウニー。③海兵隊の指揮官が生々しい実態を語る。④麻薬王クン・サーの口から意外な本音が語られる。

す。

しかしもっとショッキングなのは、中佐が帰国後、早速このテープをホワイトハウスに提出したところ、4日目に連絡があって、素晴らしいと絶賛。「麻薬王の秘密キャンプへ行って生きて帰ってきたのは君達が最初だ」と変な褒《ほ》め方をされたうえに、肝心な返事はNOだったのです。

麻薬王に自分達の同僚の名前を公表されたらえらいことになりますから、ホワイトハウスとしてはとてもYESなどと言えないのはわかるのです。それにしても麻薬撲滅キャンペーンを実施中のホワイトハウスが、麻薬王が麻薬をやめたいと言っているのに、答えはNOなのです。

日本の皆さん、こんなことがアメリカで行われているのです。まだ半信半疑な人は、是非このビデオを見てください。

麻薬王は心底麻薬ビジネスから手を引きたかったようで、1987年の6月28日にアメリカ司法省あてに手紙を書いて、その中に麻薬に関係したアメリカ政府の関係者の名前をリストアップしたのです。

その中にはCIAのラオス支局長（この人は自分でもコカインを売っていたようです）、〝パパ〟ブッシュがCIA長官だったときのナンバー2で、2期目のレーガン政権の国防長官になったフランク・カルーチの部下で、当時CIAの上級管理職の人間の名前がコカイン運搬の責任者として書かれていたのです。

クン・サーのせっかくの努力も空《むな》しくアメリカは彼を国際手配してしまいました。麻薬王はミャンマー奥地に逃げ込み、シャン族独立を掲げて長い間ミャンマー軍と戦っていました。1996年に突然ミャンマー軍事政権と停戦合意して投降。麻薬で稼いだ資金を活用して合法的ビジネスに進出すると、その後財閥を築きあげているのです。

波瀾万丈の人生を生きた元麻薬王クン・サーは、2007年10月26日に70年に及ぶ人生の舞台に幕を引いています。

現代版アヘン戦争

麻薬ビジネスは利益がとてつもなく大きい。昔、ロスチャイルド家やフランクリン・ルーズベルトの祖父達を始めとする欧米の商人達が、中国にアヘンを持ち込んで大きな儲けをむさぼりました。アヘンを蔓延《まんえん》させて清《しん》が滅びる一因を作りましたが、アメリカ政府はそれと同じことをアメリカ国民に対して行っているのです。

アヘン撲滅キャンペーンをやっているのがホワイトハウス。その裏で生産国で精製したコカインを国内に運び込んでいるのがホワイトハウスの指令で動くCIA。歴代政権がアメリカを清と同様に、搾《しぼ》り取るだけ搾ってから滅ぼそうとしているとしか説明がつかないのです。

ただしこのホワイトハウスの裏ビジネスを知るのは、大統領自身と4～5人の側近とCIAのトップ2～3人に限られているようで、政権内部の大臣クラスの人間といえども知らないようです。

第2次大戦後から今日にいたるまでアメリカで起きたことをつぶさに見ていくと、麻薬はほんの一例です。他にもこの国を繁栄ではなくて、逆の破滅の方向に向かわせているとしか説明がつかない事件が多々起きています。1920年に設立されたイギリスの王立国際問題研究所（RIIA）が国際金融資本家達の目的である世界統一支配のためのプロセスとして、アメリカの破壊を画策しているからなのです。

したがって、国際通貨として世界中に通用してきた米ドルも、時期がきたら一気に崩壊することが予想されます。そのときには1930年代の世界大恐慌が単なる予行演習にすら思えるような、経済の大混乱が起こる可能性が高いと思います。

彼らのこの世界統一の夢は、RIIA設立以前のずいぶん昔から続いているのですが、アメリカを破滅させることが彼らの必須事項であることが明確になるのは、アメリカ南北戦争後のことなのです。

リンカーンが独自に発行させた通貨の重要性

明治維新の7年前の1861年に始まったアメリカの南北戦争は、リンカーンが奴隷制度に反対して起こしたと一般に信じられています。しかし、彼には当初は奴隷を解放する意志はなかったようです。「私の最重要な目標は統一国家を存続させることであって、奴隷制を破棄することでも維持することでもありません。もし奴隷解放なしで統一国家を維持できるならそうしたでしょう。現実に存在する州の奴隷制を妨げる目的は直接にも間接にもありません。私にはそうすることの法的権利はないと信じますし、そうする意向もありません」と、法律家らしい言葉で明瞭に述べているのです。

南北戦争が起きた真の原因は、今日の統一ドイツの基礎を作った鉄血宰相ビスマルクが端的に教えてくれています。

「同じような国力を持つ均等の2つの連合政府に合衆国を分割させることは、南北戦争のずっと前にヨーロッパの金融界のトップによって決められていたのです。もし合衆国が1つの地域で、1つの国家として存続したら、経済的にも金融的にも独立性を勝ち取ってしまうので、それでは彼らの目指している世界中の金融の支配がめちゃめちゃにされてしまうということを、これらの銀行家達は危惧《きぐ》したのです」

欧州の内情に通じていたビスマルクの言葉には重みがあります。南部の人たちをたきつけて合衆国から脱退させたのがヨーロッパの銀行家です。彼らが戦費を融資したのは南部連合だけ。南北統一をめざすリンカーンが戦費を借りに来たときに24％から36％という高利を提示して、リンカーンに融資を諦めさせたのをみても明らかなのです。

しかしこのときリンカーンが銀行家から融資を受けなかったことが、リンカーン暗殺につながっていくのは神のみぞ知ることです。リンカーンはこの頃まだ金融システムを完全に理解していなかったようで、時の財務長官サーモン・チェースに戦費をいかに工面したらよいか相談に行ったのです。

財務長官の「北部連合政府が議会で宣言するだけで通貨が作れる」という助言に従ってリンカーンは、〝グリーンバックス〟（既存のお札と区別するために緑のインクを使用）と呼ばれた北部政府独自の紙幣を、2年間で当時のお金で450億ドル（5兆4000億円）を発行。急場をしのいで最終的に北部連合を勝利に導いたのです。

リンカーンは戦争が終わったとき、

「政府の費用をまかない、一般国民の消費に必要なすべての通貨と銀行の預金を、政府は自分で発行し流通させるべきである。通貨を作製し、発行する特典は政府のたった1つの特権であるばかりか、政府最大の建設的な機会なのである。この原理を取り入れることによって、納税者は計り知れないほどの金額の利子を節約できるのです。それでこそお金が主人でなくなり、人間が人間らしい生活をおくるための召使になってくれるのです」と語っているのです。

この彼の言葉から推察できるように、政府が利息付きの通貨を中央銀行から借りていると、人間がお金の奴隷になってしまうことをリンカーンは明確に認識したのでした。

彼はこの経験で金融の仕組みを理解し、同時に金融資本家の悪巧みを身にしみて知りました。アメリカが統一されたあとは中央銀行を置く意思はなく、グリーンバックスを使っていくことを決めていました。ところが、戦争が終わった1865年4月9日の5日後の14日に、彼は観劇中にジョン・ウィルクス・ブースに後頭部をデリンジャーで撃たれてしまいます。翌日の15日に56歳の生涯に幕が下りたのです。

ちなみにこのリンカーンのグリーンバックスは1994年まで、アメリカで出回っていたようです。

しかしこのリンカーンのグリーンバックスの発行に危機を感じた連中がいるのです。

この頃からすでにヨーロッパの金融家達は、まだ産業が発達していないアメリカの将来性を見抜いていたようで、ロスチャイルドのお膝元のロンドンタイムズが社説を掲げています。

「もし北アメリカに発生したこの有害な金融政策が、お決まりのものとして持続したら、その政府はまったくコストのかからない自分達のお金を用意するようになる。その政府は負債を返済し借金無しになり、経済を運営していくだけの必要な通貨を所有するようになる。そうなればいまだかつて、歴史上前例のない国家の繁栄をもたらすことになるだろう。そうなると優秀な頭脳、すべての国家の富が北アメリカに流れ込むことになる。このような国は破壊されなければならない。さもなければこのような風潮は地球上のすべての君主制を破壊してしまうだろう」

ロスチャイルドの地元ですから無理もないのですが、ロンドンタイムズは、身も心も国際金融資本家達にささげてしまっていたようです。

この記事は、地球上最初の民主国家アメリカが繁栄すると、当時一般的であった君主制の崩壊に波及していくと書いています。これは当時の支配階級である貴族達の共感を得るために、彼らの最も恐れることを強調して記事内容をまとめているだけで、資本家達がアメリカの繁栄を恐れる本当の理由は別のところにありました。それは彼らの目的である世界統一の障害になることなのです。

そして現在のアメリカの悲惨な状態は、この19世紀半ばのヨーロッパの金融家達の考えが、現在も延々と続いていることから引き起こされたとみると納得がいきます。

南北戦争によって国家が統一されてからアメリカは産業が発達。この国で生まれ育った人の中からも巨万の富を築く人も出てくるのですが、この人たちも今はロスチャイルドを中心とするヨーロッパ勢の考えに同調してしまい、アメリカを食い物にするような動きに

第16代アメリカ合衆国大統領リンカーン。

劇場で暗殺されるリンカーン。国際金融資本に逆らうものは、みな消されてしまう。

参加しているのです。

第２次大戦後、世界はどう動いたか

欧州の銀行家達が恐れたアメリカの経済的な繁栄が、なぜ資本家の世界統一の障害になるか。なにごとにも他国よりも抜きん出ていると、他と協調を考えないのが人の常なのは洋の東西を問わず同じようです。そのよい例がアメリカです。軍事的に突出し、身勝手な軍事行動ばかりが目立ちます。

経済、政治、軍事においてダントツに強い国は、「他の国との協調性に欠けるので世界統一の妨げになる」という考えが、現在も金融資本家達の間で生きています。そう考えると、第２次大戦後の世界の動きがすんなり理解できるのです。

第２次大戦後から１９９０年代初頭まではソ連とアメリカが超大国として並び、日本とドイツが経済大国としてダントツの成長を遂げていました。

しかしソ連は１９９１年に崩壊。今では個々の国々に分裂し、日本は１９９０年代のバブル崩壊が今も大きな傷跡を残しています。ドイツも念願だった東西統一が重荷になっているようで、かつてのような華やかさは見られません。

近年は通称ＢＲＩＣｓ《ブリクス》と呼ばれるブラジル、ロシア、インド、中国の４ヶ国の経済的な発展が予測されていますが、これらの国々がかっての日本や西独が達成したようなダントツの経済成長を達成するかどうかの予想は難しいところです。が、もし達成したとしても何かの形で邪魔が入って成長は長く続かないと私は予想します。

2008年現在、ダントツの軍事力を誇るアメリカの経済はいつパンクしてもおかしくない状態です。近年のブッシュ政権の正規軍兵士と退役軍人に対する方針を見ていると、兵士達のやる気をなくす扱い方が多い。軍需産業がどんどん新兵器を納入して武器や兵器は充実することはできても、兵士の士気がどこまで高まるか疑問な状態になっているのです。

その1つの例として1991年の第1次イラク戦争です。あのとき、劣化ウラン弾という新開発の兵器を初めて大量に使用したのですが、微量とはいえウランが含まれていたため、帰国兵の中から放射能障害を訴える人達が多く出てきたのでした。それが今では彼らの家族にも似たような症状を訴える人達が出ていることが報道されています。しかし政府はまったく取り合おうともしていないのです。

マンハッタン計画で、広島と長崎に落とした原爆を開発したロス・アラモス国立研究所（ニューメキシコ州）では、兵士達に放射能実験を本人達に知らせないで行っていたことが明るみに出ました。これと同じようなことが現在も行われているのです。

また第2次イラク戦争においても兵士達をモルモット代わりにしました。強い副作用があるとわかっている何種類ものワクチンを、用途目的を兵士達に知らせないまま注射した結果、兵士達の中に多くの肉体的傷害が発生しました。一部の兵士がワクチンの接種中止を要求して、イラクでの任務の拒否を表明したということが報道されています。

自分の国に奉仕するために命の危険も辞さずに、軍隊に志願してきた若者達の純粋な気持ちを土足で踏みにじる。そうした行為を、この国の指導者達は平然とやり続けているのです。

ラムズフェルド元国防長官は1997年から2001年の国防長官就任直前まで、鳥インフルエンザの特効薬タミフルの特許を持つ製薬会社の社長として働いていました。現在でも同社の株を大量に所有しています。その関係から軍が余分なワクチンを購入させられて、消費目的だけで兵士達にやみくもに接種しているのかもしれません。モルモット代わりにさせられている兵士達こそよい迷惑です。

こうやって見ていくと現在の世界情勢は、19世紀のロンドンタイムズに書かれた欧州の銀行家達の考え通りに動いていると考えられます。

アメリカのみならず世界の金融を牛耳る国際金融資本家達が立てる政策は、国家という存在にまったくこだわっていないものばかりなのです。

自由貿易の行きつく先

国家を超える思想として、日本ではGATT（関税貿易一般協定）、アメリカではNAFTA（北米自由貿易協定）で代表される自由貿易があります。

私はある程度の自由貿易は必要だと思うのです。特に日本のように国土が狭く資源が限られている国は、外国との貿易がないと食べ物も満足に国民に行き渡らなくなる恐れがありますから、貿易は大事です。しかし自由貿易から始まって次の段階が通貨の統一に進み、最後は統一政府の樹立になってしまうと、国家や民族の固有性や特徴が消滅していきますから、それは少し行き過ぎだと思うのです。

その著書『国家の品格』において藤原正彦氏は、「チューリップは確かに美しい。しかし世界をチューリップ一色にしては、絶対にいけない。（中略）効率・能率に幻惑されて、画一化を進めては絶対にいけない」と明確に述べていらっしゃいます。私も同感です。

世界統一を推し進めるグループの人達は陽動作戦を得意としています。戦争をなくすためというような良い面を強調していますが、世界統一の彼らの本当の目的は隠されているのです。

彼らの目的の真相は最後に紹介しますが、世界統一へたどりつくまでの過程を見てみましょう。

ちなみに彼らの目指す統一は、主として「統一政府」と「統一議会」と「統一通貨」の3要素の達成を意味します。そして彼らは決して言いませんが、この政府の長や閣僚も議会の議員も、民衆が選挙で選ぶのではなく、彼らが勝手に決めるという、独裁政治体制の極致を実現した社会制度を目指しているのです。

その良い例として地域の統一が急ピッチで進んでいる、ヨーロッパ連合を見てください。ユーロ圏内は今では人の行き来が自由ですから、仕事を求めて人間が移動し、実質的に国境がなくなるのは時間の問題です。

統一通貨ユーロがすでに使用されている現在、次の課題である欧州憲法の採択と欧州統一政府の大統領や閣僚制度の設置に向かって、欧州連合は全速力で走っています。経済的な面だけでなく政治的な面でも、欧州は統一に向かって動いているのです。

そしてこの欧州統一政府の大統領は選挙を通じて民意で選ばれません。ビルダーバーグ・グループが秘密裏に決めた人間がなるのでしょう。

フランスのサルコジ大統領が非公式に、欧州連合初代大統領にはイギリスのブレア元首相がよい、と推薦したと報道されました。人選が現実的に始まっていますから、欧州大統領の実現もそう遠い先のことではないのです。しかしサルコジ大統領の推薦に対して、欧州連合大統領はユーロ導入の国から出すべきという意見が、ドイツを中心にして加盟国に根強く残っています。誰になるかは今のところ不明です。

そしてすでに欧州中央銀行制度が確立し、ドイツのフランクフルトに本部を置く欧州中央銀行がユーロを印刷。現在は27ヶ国の各国の中央銀行にそれを分配するというシステムが確立されています。欧州の通貨統一は達成されていると言えます。

さすがにロスチャイルド家が1世紀以上にわたって、欧州全体の貴族階級を中心に隅々にまでネットワークを張りめぐらしている地域だけに、スムースに動いているようです。しかし、ここまでくるのに50年もの長い年月を要したのです。

導入当初は弱かったユーロも今では格別な理由もないのに常にドルより強い。世界のモデルケースとしての欧州連合の良い面を強調するために、人為的に価格を維持しているとしか考えられません。

そして欧州連合の次は、北米連合です。

現在アメリカ、カナダ、メキシコの3国間では、NAFTAの影響で物の動きが自由に行われています。今度は労働者が自由に行き来できるようにしようとしている。テロリスト対策の一環としてアメリカに入国してくる外国人の管理体制を強化している最中に、カナダとメキシコとの国境を将来フリーパスにするための法制整備を、ブッシュ達は裏でこっそりと行っていたのです。

また将来的には、3国をフリーパスで結ぶ高速道路の整備も計画されているのです。

その手始めとして、ブッシュはマスコミにも議会にもまったく知らせずに、アメリカ、カナダ、メキシコの労働者の移動を簡単にするために、3国間の国境を実質的になくする法律に2005年にサインしたようです。これを報じたCNNのルー・ダブズ（Lou Dobbs）という男性のニュースキャスターが「一体どうなっているんだ」と苦情を言いながらそのニュースを流していましたが、彼はそのとき〝アメーロ〟という新しい通貨が北米3国の将来の通貨になるはずだ、と言っていました。

いくらユーロがうまくいったからといって、アメーロと名付けようというのは少し悪乗りしすぎで、名前も半分冗談みたいで安っぽいと思いませんか。

この3国をフリーパスにする計画の一端と思うのですが、2007年の9月21日にニューヨーク州知事エリオット・スピッツアーが突然、2007年の12月から不法移民に運転免許証を発行することを認める法律に、知事の権限でサインしたと発表したのです。

ちょうど大統領選挙の各党の候補者選びの真っ最中でもあったために、この話題がアメリカ中を議論の渦の中に巻き込んだ結果、賛成派はヒラリー・クリントンぐらい。圧倒的に反対が多くニューヨーク市長マイケル・ブルームバーグ他州の議員多数、州の交通局長などは直接知事室まで押しかけて、反対を叫んで議論を闘わせました。やがて法案発効まであと1ヶ月に迫った10月の終わりに州議会が39―19で反対を決議。その結果、とうとうスピッツアー知事は法案を撤回し、全米を巻き込んだ騒ぎが収まったという出来事がありました。

この騒ぎで一番強行に反対を叫んだのは上述のCNNのルー・ダブズで、全米に流れる7時のゴールデンタイムのニュースのマイクの前で「スピッツァーはどうしようもない馬鹿だ」とまで言い切ったのです。

しかしこの騒ぎのあとスピッツァー知事は、ニューヨーク州の運転免許証をカナダに入るビザとして使えるようにして、そのまま運転もできるようにする、という代案を提出しました。

不法滞在者には発行しないと言っていますからこの案は通ると思いますが、同時多発テロの後遺症が市民の間にまだ強く残っている間は、地域統一を目指して実質的に国境をなくしてしまう3国間のフリーパスが実現するのは、まだまだ先のようです。

北米だけでなく、中央アメリカにおいて2004年にCentral America Free Trade Area（CAFTA）と呼ばれるNAFTAの中央アメリカ版が成立しているのです。コスタリカ、エルサルバドル、グアテマラ、ホンジュラス、ニカラグアの5ヶ国でスタートして、翌年の2005年にはドミニカ共和国が加わり、現在各国毎に条約が締結されつつあります。将来的にはNAFTAとCAFTAが1つになり、American Union（AU）になるのです。

アジアでいきなり通貨が統一される？

皆さんは日本、韓国、中国、台湾が同じ通貨を使っている社会が想像できますか。

私にはとても想像できないのですが、北米連合の次はアジア連合とアフリカ連合だといわれていて、アジア連合は水面下ですでに動き出しているのです。

欧州も北米も地域の統一は経済を通して始めています。アジアには１９８９年に締結されたアジア太平洋経済協力会議（ＡＰＥＣ）が存在していて、欧米と同じように経済関係のつながりは始まっています。アジアの場合はいきなり通貨が統一されるかもしれません。

というのはすでにアジア通貨統合に向けて、下準備が進められているからなのです。

１９９１年に、東アジアと太平洋地域の11の中央銀行によって、東アジア・オセアニア中央銀行役員会議というクラブが結成され、年に2回この地域の中央銀行副総裁が会談を重ねているのです。そして１９９６年7月19日に、日銀が主催して中央銀行総裁会議が東京で開かれて、それ以来毎年総裁レベルの会議が開かれているのです。

今では香港の通貨当局の責任者が１９９９年5月に、アジアは通貨統合を目指すべきだと発言。6月にはフィリピンの大統領が、それに賛成を表明するほどになっているのです。

私達の知らないところで、着々と金融資本家達の計画は進んでいるのです。

アフリカでも着々と進んでいます。アフリカ諸国は、長い間ヨーロッパの植民地として散々搾《しぼ》り取られてきました。国家の主権と領土を守り、新植民地主義と闘う目的で1963年に締結されたアフリカ統一機構は、解消。その後できたのがアフリカ連合（AU）で、モロッコとソマリランドを除く全アフリカ53ヶ国が加盟しています。

現在大半のアフリカ諸国はほとんどが独裁政権で政治が安定せず、多くの国が戦火に明け暮れています。この連合はEUをモデルにしていますから、将来的には「統一議会」、「統一裁判所」、「統一中央銀行」、「統一通貨」を目指しているのです。

国際金融資本家達はどういう表向きの理由をこじつけたかわかりません。国家の主権を奪い、経済的な自主性も剝奪。再び植民地化されることが見え見えのアフリカ連合加盟が53国に承認されたのです。金融資本家達が数枚上なのか、アフリカ諸国の指導者達がお人よしなのか、よくわかりません。

南米と中近東は含まれていません。経済統一から始まる地域統一の動きはアメリカと欧州主導です。過去から現在にいたるまで欧米に搾取され続け、現在はベネズエラのチャベスやボリビアのモラレスのように公然と反米を掲げる国もあります。南米が欧米主導でまとまるわけもなく、また憎きイスラエルがこの世に存在する限りアラブ諸国がアメリカに協力などするはずがありません。しばらくはこれらの地域をそっとしておこうと決めたのだと思います。

しかし北米の統一通貨の名前アメーロは、スペイン語のお金を意味するデネーロから来ているのは明らかです。将来は南米にまでこの通貨を広げることが視野に入った命名と思います。

欧州、北米、アジア、アフリカの4つの地域連合が成立したら、いよいよ世界統一なのです。

次は、連邦準備制度設立の立役者の1人ポール・ウォーバーグが、1950年に米国議会で行った演説の一節です。

「好きや嫌いにかかわらず、我々は世界統一政府を持つべきです。ただ一つの論点は、世界政府が征服者によって樹立されるのか、国民の総意によってなされるのかということだけです」彼もまた、CFRのメンバーです。

現代の金融資本家達

アメリカを代表する金持ちの初代ジョン・D・ロックフェラーは主に実業界で巨万の富を築きました。そして2代目になって金融業界にシフトしました。

モルガン財閥の創始者J・P・モルガンは、父親が銀行で働いていた関係で金融界からスタート。当時一番パワーのあった銀行家になり、後には実業界にも進出。両方で活躍したのですが、両家とも宗派は違いますがキリスト教プロテスタントです。

この時代のアメリカの事業家達は、鉄鋼王カーネギーも鉄道王バンダービルトもそうですが、例外なく欧州のロスチャイルドから融資を受けて事業を拡大し、巨万の富を築いているのです。

しかし質素を旨《むね》とするキリスト教プロテスタントの信者も巨万の富を持つようになると、ロスチャイルドやシフに代表される欧州の国際金融資本家に影響されるのか、金融業に進出するようになります。やがてアメリカ勢も金融を通じての世界支配という同じ目的の下に、欧州勢と行動を共にするようになるのです。

現代の国際金融資本家達の、世界支配の目論見《もくろみ》は、過去の英雄が試みた武力を使った世界制服とはやや異なります。金融を通じての世界支配という点が非常にユニークです。

話は少し離れますが、ロスチャイルドが融資するときの条件は、明確な資料はないもののかなりの高利だったようなのです。

その例として当時アメリカ随一の金持ちと言われたJ・P・モルガンが死んだときに遺産を整理した結果、彼が所有していたモルガン財閥の財産の19％だけが彼のもので、金額に換算して2～3億ドル（240億円から360億円）しかなく、残りはロスチャイルド関係の名前で占められていたのでした。

また3代目のネルソン・ロックフェラーが副大統領になったときに、恒例として資産を公開するために調査したところ、ロックフェラーが所有する不動産がまったくありませんでした。ネルソンに聞いたところ、「ロックフェラーの資産はロスチャイルドの代理人が管理しているから、自分にはわからない」と答えたことが伝わっているのです。

こんな調子で150年前から世界中に融資していて実態は巧妙に隠しています。ロスチャイルドはどれほどの財産を所有しているのか。自分達でもつかんでいないのじゃないかと思います。それにしても彼らの行動どころか名前もまったく表面に出てこない。あらゆる所で名前が出るロックフェラーとは大きな違いを見せています。

参考までに1998年におけるロックフェラー家の財産は11兆4800億ドル（137兆6000億円）もしくはそれ以上との数字が出ています。ロスチャイルド家の財産は100兆ドル（1京2000兆円）から400兆ドル（4京8000兆円）の間と、正確な数字が出てなくて上と下に大きな開きがあります。ロスチャイルド家の資産が大きすぎるのか、または彼らの隠し方が巧妙で税務署といえどもお手上げで、まったく把握していないからではないかと思います。噂によると、いまだかつてこの一族には税務署の監査が入ったことがないそうです。私はこの資産額の違いからしても、ロスチャイルド家の方がロックフェラー家よりもパワーがあると思います。

ちなみに14年間世界長者番付のトップを走り続けている、マイクロソフトのビル・ゲイツ会長の2007年の資産は590億ドル（7兆800億円）と発表されています。1998年の資産でロックフェラー家はビル・ゲイツの194・58倍、ロスチャイルド家にいたってはビル・ゲイツの1694・92倍から6779・66倍の資産を持っていることになるのです。比較にならない開きです。

ところでロスチャイルドの名前は、雑誌『フォーブス』が掲載する億万長者1000人の2007年版リストにまったく載っていません。さすがのフォーブスもロスチャイルドの財産が多すぎて計算するのを諦めたに違いないと自分だけで納得していたのですが、ひょんなことからロスチャイルドの英語のホームページ*⑪を見つけました。その中でどうやったら自分のお金が外部から隠せるのか、その方法を少し説明しているのを見つけたのです。彼らが実際に実行した方法には違法に近いこともあったでしょう。それを正直に一般公開するとはとても思えません。ですからこのウェブサイトでは合法的な方法だけを紹介していると思うのですが、必要性のある方や興味のある方は覗いてみてはいかがでしょうか。

地球上の位置さえはっきりわからないような国の億万長者の財産さえ、調べ上げてリストアップするのが雑誌フォーブスです。その目をごまかしてしまう方法ですから、税務署の目をごまかすことも可能かもしれません。

ところで巷にはロスチャイルド家とロックフェラー家は、政策の違いから反目しているという説があります。表面上の小さな問題では反目することもあるかもしれませんが、大きな目標である金融を通じた世界支配に向かっての共同歩調は変わらず堅固に維持しているのです。その彼らの支援がなかったら、帝政ロシア打倒と共産国家ソ連誕生が成し遂げられなかったと言っても決して過言ではないのです。

帝政ロシア打倒は国際金融資本家の悲願だった

帝政ロシアは西欧の主要国家の中で、ロスチャイルド家に中央銀行を許可しなかった唯一の主要国家でした。ロスチャイルドはそれを打倒するために、日露戦争の戦費調達に苦慮していた高橋是清に助け舟を出したのはすでに書きました。また当時の金で200万ドル(2億4000万円)という大金をばらまき、アメリカにいたレーニンのロシア潜入を手伝ったりして、ニコライ2世打倒に執念を燃やしているのです。

ロシア国内では当初、レーニンのボリシェヴィキは少数派でした。ロスチャイルドが資金的にバックアップして、メンシェヴィキや社会革命党等との戦力争いに勝ち抜いていき、権力を掌握することになります。

革命成功後のソビエト連邦復興事業の資金は、国際金融家達が用立てていて、共産国家ソビエト連邦も、国際金融資本家に牛耳られていたのです。

それを端的に表現したウラジミール・レーニンの言葉があります。

「ソビエト連邦は我々が望むようには機能していない。車が言うことを聞かない。1人の男が運転席に座って運転しているように見えるが、車は彼の行きたい方向に動いていかない。車は違ったパワーの望むように動いている」

1991年のソビエト連邦崩壊の直接の原因は、共産国家では民衆は働かなくなって産業がうまく機能しなくなり、生活物資が手にはいらなくなったことで民衆の不満が爆発したからと言われています。それももちろんあるでしょう。私は他にも原因があるのではないかと思うのです。

信用できる数字がないので確定はできないのですが、ソ連は金融資本家達から多額の借金を抱えていたのは想像に難くありません。その返済ができなくなって連邦の解散に追い込まれたのではないでしょうか。

世界支配もなかなか計画通りには進まない

しかし彼らの目指す金融を通じての世界支配というのはなかなか気の長い計画です。たとえそれが成就したとしても彼らは経済を握っているだけですから、必ずしも世界中が彼らの思う通りに動くわけでもないのです。

まして一昔前の王政華やかかりし頃は、王侯貴族さえ手なずければ制度の変更など簡単にできたはずです。現代がまがりなりにも世界中のほとんどの国が共和制民主主義をうたっている以上は、一般国民の意向を無視するわけにいきません。いかにマスコミを使って国民を洗脳しているといっても、大多数の国民の意見を自分達の思う方向にまとめるのには、時間がかかるのです。

その1つの例が、EUです。全加盟国の批准《ひじゅん》を条件に2006年11月1日に発効するはずだったEU憲法は、EU加盟国27ヶ国中10ヶ国までは批准しましたが、EUの主要メンバーのフランスとオランダの国民が反対の意思表明をしました。また超国家主義的な内容に強い批判が起きてEC憲法の発効が取りやめになったことや、イギリスはEUには加盟していても通貨はポンドのまま。国民の意見統一の難しさをわからせてくれる一件です。

また欧州市民の選挙によって選ばれる議員で構成する欧州議会は、最初はほとんど権限のない諮問《しもん》機関でしかありませんでした。EUの基本条約の改正のたびに権限を強め、今では立法に関しては欧州議会が関与しないものはほとんどないくらいになっています。これも金融資本家達の思い通りには動いていかないことの一例です。

こういう事例を鑑《かんが》みると、金融資本家達が目指す究極の社会は、一党独裁による社会主義体制だと言われていることがよく理解できます。

一方歴史あるヨーロッパ諸国と違って、アメリカは世界最初の共和制民主国家として誕生。先進国の中では唯一君主制を経験していない国として、国民の意見が政治によく反映されているように思われています。しかしそれは19世紀までの話であって現在は違っています。同時多発テロ以降のブッシュ政権は一党独裁制だといえます。法制化した数々の法律の陰に隠れて、巧妙に隠されてはいますが戦前のナチスドイツや現在の中国と同じです。国民の声を無視して政府が勝手に政策を決定してしまう政治体制に移行している兆候が見られるのです。

また金融資本家達の思い通りにいかない良い見本がパレスチナ問題です。いかに国際的に影響力の強い彼らといえども、この問題にはなすすべがなく完全にお手上げのようです。前出のニコラス・ロックフェラーの話の1つに、現在のイスラエルの住民1人1人に100万ドル（1億2000万円）ずつ渡してアリゾナ州に全員を移住させる、という途方もない計画が討議されたという仰天のものがありました。さすがのロックフェラー達もこのパレスチナ問題には頭を抱えているようです。

戦争を種にして莫大な利益をあげてきた国際金融資本家にも、このパレスチナの紛争には解決の糸口が見つからないようです。イスラエル建国はロスチャイルド家の全面的な後押しがあって初めて実現したのですが、ここまでもつれるとは予想もできなかったのではないかと思います。

シオニズム運動は、他民族が2000年前から住んでいたパレスチナ地域に、住民を移動させてまでイスラエルを建国するという大規模なものでした。それは2000年前に自分達の祖先が神に与えられてその地に住んでいたから、という主張から生まれました。はるか昔の居住権が現在も有効だということを、800年前の1200年代にユーラシア大陸の大半を占拠していた、モンゴル帝国の末裔《まつえい》である現在のモンゴル人が知ったら、どうするのでしょう。領土が広大すぎて手に余るから、彼らはノーサンキューと言うでしょう。もし彼らが居住権を主張したらイスラエルもその範疇《はんちゅう》に入ってしまうのです。2000年前と800年前とではどちらの居住権が優先されるのか。非常に興味深いところですが、本当のところ居住権などは問題ではありません。これはすべて金の力に物を言わせた政治力のなせる業《わざ》なのです。

親切で好意的なユダヤ人に励まされた体験

ロスチャイルドもシフもユダヤ教の信者とされているようですが、その成し遂げた現状を追っていくと、著しくユダヤ教と離れて行くように思います。国際金融資本家は、宗教や民族の枠外に超然と存在するものです。ただユダヤ教が兄弟宗教であるキリスト教やイスラム教のように世界宗教として、人種や民族に関係なく広く受け入れられなかった大きな原因は、〝選民思想〟にあったのだと思います。自分達は神から特別に選ばれた人間だという行動基準はユダヤ教の聖典タルムードには何箇所にも明確に書かれています。

キリスト教もイスラム教も、古代から利子の取得は厳しく御法度でした。金融は卑しい商売とされていたのです。ユダヤ教においては少し違っています。「同族からは駄目だが他宗教や他民族からは利子を取得しても良い」と差別扱いすることを認めていたのです。

産業革命以後、金融事情の変化に対応できたのは、ユダヤ人だけでした。古代から金融を扱っていた唯一の人種がユダヤ人だったのです。

私は選民思想を持っているからといってそれが悪い、と言っているわけではないのです。ここは、大事な点です。誤解しないでいただきたいのです。

アメリカ在住のユダヤ人の77%がイラク戦争に反対していることが世論調査で出ています。現在のイスラエル建国の心的サポートの中心であるシオニズム運動に反対するユダヤ人も多く存在します。前出のアーロン・ルッソもまたユダヤ人です。

そして近年になってイスラエルが行っている隣国レバノンへの武力侵攻も、イスラエル国民の60%が反対していることが世論調査で出ているのです。

ユダヤ人の中にもそれほど多様な意見を持つ人達が、集まっているのです。

私が住む地域は特にユダヤ人が多い場所です。私と親交のあるユダヤ人のおじいちゃんは、昔羽振りのよいときには自分の競走馬も持っていたらしいのですが、今はそのような面影もなく、かれこれ知り合ってから20年以上になりますが、今でも時々向こうから連絡が来ます。私がまだ若い頃、無理に借金して始めた商売が軌道に乗らずに、明日にも倒産かという状態が半年ほど続きました。金の切れ目は縁の切れ目なのは男女の関係だけでないことを身にしみて知ったことがあったのです。おじいちゃんは、そんな苦しいときに一番頻繁に顔を出してくれたのです。帰るときには必ず手土産を置いていってくれました。いつも飄々《ひょうひょう》としていて、自分のペースで自由な人生を謳歌《おうか》している風で、来るたびにうらやましく思ったものでした。そしてそのときは気がつかなかったのですが、あとで振り返ってみてはじめて、彼は私を励ましに来ていたことに気がついたしだいです。

私の30年に及ぶこの国での生活の中でも、ユダヤ人から嫌な思いをさせられた記憶はありません。おじいちゃん以外にも、ご主人が弁護士で奥様が学校の先生という、近所に住んでいたユダヤ人夫妻からは助けてもらった事もありました。ユダヤ人は、日本人に対して非常に好意的な付き合いをしてくれる人達という印象があります。

ただ昔から金融に関するノウハウを持っていたのがユダヤ人しかいなかった。そのために中世以来欧州を中心に起こった金融需要の拡大に乗って彼らの勢力も拡大。その結果必然的に彼らが世界の金融を牛耳ることになりました。彼らのビジネスのやり方が非常な利益を生むので、やがて現在のように金融が一人歩きしはじめて、世の中がお金、お金の拝金主義になってしまったとも言えるのです。

一方、ユダヤ教の兄弟宗教であるキリスト教は十字軍、イスラム教はジハード（聖戦）

に象徴されるように、両方の宗教ともかなり武力による問題解決を肯定しています。本来、ユダヤ教にはそのような面はなく、非常に平和的な教えと理解してよいと思います。ユダヤ人のスポーツマン、特にサッカーや格闘技に秀でた選手が少ないのは、このあたりに原因があるのかもしれません。

しかし大金を持つと人が変わるのは古今東西変わらないようです。いくら平和が好きといえども人間です。大金を手にしてから考えが変わり、同じように大金を手にしたキリスト教信者達と考えを1つにして、協力しあうようになったのは自然の流れではないかと思います。

しかし世界中を震撼《しんかん》させた同時多発テロは、結果的にロスチャイルドが建国に尽力《じんりょく》した中東の某国を利する形になったようです。しかし、ロックフェラーの君臨するアメリカだけが同時多発テロ後の当面の利益を享受する結果になっています。

金融資本家の世界支配の手口

同時多発テロを口実にしたアフガンとイラクへの武力侵攻で、荒廃した現地の復興の名目で、多くのアメリカ企業が現地に進出しました。資本家の手先である世界銀行と国際通貨基金が巨額の金を現地に融資。戦争後の復興事業からしっかり利益を出し、復興が一段落した暁には中央銀行を設立してしっかりと彼らのコントロール下に置いて、アフガン（2002年に中央銀行設立）とイラク（2003年に中央銀行設立）の金融を永久的に支配するようになるのです。

この世界銀行（ワールドバンク）と国際通貨基金（IMF）の手口がよくわかる事件を紹介します。

10年ほど前にアジアで通貨危機が起きたことをご記憶の方も多いかと思います。そのときの事情をリチャード・A・ヴェルナーが、『円の支配者――誰が日本経済を崩壊させたのか』（吉田利子訳、草思社）という本の第17章で述べています。これを読むと、国際金融資本家の手先となって世界中の金融を支配しようとする、IMFの手口がよくわかりますので、引用します。

（1997年から1998年にわたって、多くの東南アジア諸国が深刻な不況に陥りました。主要なアジア諸国の通貨の為替レートが60%から80%も下落したので、対外債務の価値が跳ね上がってしまい、債務返済が不可能になり国家的債務不履行の危機に瀕したのがタイ、韓国、インドネシアの3国でした）

タイのタノン・ビダヤ蔵相が東京に飛んだ。

彼は政府要人や大蔵省高官と会って緊急の話し合いをした。

タイに必要なのはたぶん200億ドル程度だっただろう。

当時日本には2130億ドルの外貨準備があった。

IMFの資金総額よりも多かったのである。

明らかにアジアにはIMFは必要でなかった。

（略）

タイの要請に応えて、日本政府はアジア危機基金の議論を始めた。

当時大蔵省財務官だった榊原英資は、アジア通貨基金を設立すればIMFの介入は必要なくなるとまで提案した。

（略）

ところがワシントンは待ったをかけた。

東京が勝手にアジアの隣人を助けることは許されないとはっきり告げたのだ。

アジア危機の解決策はIMF経由でワシントンが提供しなければならない。

（略）

その結果、タイの指導者も、のちに韓国とインドネシアの指導者も、中央銀行の助言にしたがってIMFの支援を乞うしかないと考えた。

債務不履行を避けるための短期資金を提供するかわりに、IMFは金利の大幅な引き上げと、中央銀行および銀行の信用創造の抑制、主要な法改正を含む徹底的な構造改革を要求した。

タイ、韓国、インドネシアの銀行システムは破綻した。

(略)

破産と債務不履行が増加した。

(略)

工業生産も総生産も崩壊した。企業の破産は急増した。

アジア諸国の失業率は1930年代以来という高水準になった。

IMFの処方箋が経済を谷底につき落としたことはまちがいなかった。

(略)

明らかにIMFの最大の関心は迅速な景気回復ではなく、べつのところにあった。

IMFは法律を改正して、外国投資家が土地を購入し、銀行その他の重要産業を買収できるようにしろとタイ、韓国、インドネシアに迫った。

政府は破綻銀行を救済するのではなく閉鎖させて、売却するしかなかった。

多くの場合、IMFの条件には、銀行を外国の投資家に売却することが含まれていた。

(略)

IMFが提示した条件リストのなかのもう一つの重要な項目は、法律を改正して中央銀行を独立させ、その行動と政策について誰にも説明責任を負わなくてすむようにすることだった。

ただし、中央銀行が密な政策調整を図るべき相手がひとつだけあった。

ＩＭＦ自身である。

危機に見舞われた国に乗り込んだＩＭＦのチームは、ただちにタイ、韓国、インドネシアの中央銀行にオフィスを構え、そこから降伏条件とでも言うべきものを指図し、選挙の洗礼を受けない政府として事実上、国を支配した

いかがですか。極東の小さな島国で起きたことに酷似していませんか。日本のバブル崩壊後の１９９０年代後半から今世紀初頭にかけて起きた大手銀行の破綻から、バブル崩壊以降のアメリカの金融界の日本進出ぶりを見ていると、何かそら恐ろしい気がします。

また１９９８年の日銀改正法によって日本銀行の自主性が確保され、その行動と政策について政府にも国民にも説明責任を負わなくてすむようになってしまいました。長年の金融資本家達の思惑通りの結果になっているのです。

連銀の意向を受けた日銀がバブルを作り、潰した

日銀の真実の姿は、日銀自体がおこなう情報操作によって巧妙に隠されています。表面には決して出て来ない真実の一端を紹介します。ドイツ人が著した『円の支配者』は、大切なことを教えてくれる素晴らしい本です。

日本の中央銀行である日本銀行は1882年（明治15年）に日本銀行条例によって設立されました。以来、長い間発行株の100％が投資家によって持たれていたのですが、真珠湾攻撃の3ヶ月後の1942年の2月にようやく発行株の55％を、大蔵大臣が所有するようになった経緯があるのです。1942年までは発行株式の100％は、確認する資料は手元にはないのですが、ほとんど間違いなく国際金融資本家が保有していたはずです。日本は太平洋戦争突入によってようやく欧米の呪縛から解放。明治15年制定の日本銀行条例をようやく廃止して新しく日本銀行法を制定。55％の株を政府所有にしてやっと大蔵省が日銀をコントロールできるようになったのです。

戦後進駐軍が日本の政界のみならず、経済界も金融界もアメリカの意向の下で再編成されましたが、幸運なことにこの日銀株55％の政府所有は変わりませんでした。

それでも残りの45％の株のうち、これを確認する手立てはないのですが30％はロスチャ

イルド家が所有していると、ちまたでは言われています。

戦後の日本の驚異的な経済成長を促進したのも、バブルをあおっておいてはじけさせたのも、日銀です。大蔵省を解体に追い込んで日銀の永遠の独立を勝ち取ろうとする、ニューヨーク連銀の意向を受けた日銀のなせる業なのです。戦後の驚異的な日本経済の復興を実現したのは、日本経済を実質的にコントロールしていた日銀ですが、表向きだけは日銀は大蔵省のコントロール下にあることになっていました。

それを逆手にとって、1984年に日銀副総裁の座についた三重野康が中心となってバブルを発生させました。1989年に総裁に昇格した三重野は、このバブルをはじけさせました。バブル崩壊後に続いた日本経済の長期不況は、三重野の金融引き締めが強すぎたためだったのです。1994年に退任した三重野は日本経済の浮き沈みは大蔵省の責任だと公言。全国を回って歩き、経済界や市民に講演して、大蔵省不要論を世間に流して大蔵省解体にまで持っていったのでした。

その目論見どおりに1998年に日銀改正法が実施。発行株式の55%は政府が所有しているとはいえ、再び日銀は政府のコントロールのできない存在になってしまいました。2001年の中央省庁再編によって日銀の宿敵大蔵省は解体。目の上のたんこぶは永遠に取り除かれてしまったのです。

つまり1990年代初頭のバブル崩壊後、現在にいたる15年以上の長期間、日本中が暗いムードに包まれていたのは、日銀が大蔵省を解体にまで持ち込むために意図して引き起こした、人為的な作為の結果と言えるのです。

話は横に少し逸れますが、この悪役三重野を日本のマスコミは〝平成の鬼平〟などと呼び、三重野の人気を助長する役目を果たしていました。私の大好きな長谷川平蔵の名前に泥をぬるけしからぬ行為です。日本のマスコミもアメリカのマスコミと同じように、アメリカ政界の陰の支配者にコントロールされているからなのでしょうか。報道の自由が世界でも低く評価されるのは、このあたりに原因があるのかもしれません。

2007年に小泉元首相が郵政を民営化。アメリカの金融機関が参入しやすくなっただけとしか私の目には映りません。我が愛する祖国日本が、国際金融資本家の野望の下に都合よく動かされているのは、間違いのない現実のようです。

ところで日銀に関連して気になることが1つあります。

日銀は1998年の日銀改正法によって、〝物価の安定〟だけがその政策目的とされました。それを達成する理由があれば、日銀が採用した政策によってたとえ大恐慌が起こったとしても、日銀は一切責任を負う必要がなくなったのです。

そしてアメリカ政府が連邦準備制度理事会議長の罷免権《ひめんけん》を持っていないのと同じように、日銀総裁の罷免権を日本政府も議会も持っていません。日銀の総裁並びに役員は、破産するか罪を犯さない限り自分の意思に反して任期中の罷免はないと、法律（日銀法25条）でその地位が保障されているのです。

ところで米国の連銀と日銀のシステムで違うのは、連銀は財務決算書を1913年の設立このかた一度も出したことはないのですが、日銀は年に2度提出の義務が生じていることです。

しかしこの点を除けば日銀は米国連銀のクローンと言ってよく、これぞ国際金融資本家達が目指してきたことです。終戦直後から日銀を支配してきたグループは、ニューヨークの連銀の指導の下に動いてきた人々ですから、日銀が国際金融資本家の軍門に降《くだ》ってしまっているのは明白です。

アメリカの連銀が発行するドル札に対してアメリカ政府が巨額の利子を払っているように、日銀が市場に流す日銀券に日本政府は利子を払う義務が生じているのは、日銀法第34条第1項に担保を取らないで国に貸付けする旨が明記されていますから間違いはないです。気になるのはこの利子の支払いに回る財源は何なのか、それと日銀が国から徴収した利子はどこに行くのか、という2点が不明なのです。アメリカの場合利子の財源は連邦の個人所得税からで、その全額が連銀の株主の懐に入っていくのです。

法律上は、日銀が出した利益の全額は国庫に納めることになっています。それなら国への貸し付けは無利子にしてもよいはずだと思うのは、金融素人の私の浅知恵でしょうか。

ニューヨーク連銀の指導で動いている日銀が、利益のすべてを国庫に納めているとはとても思えません。半年に1回出る日銀の決算報告書も含めて色々調べてみたのですが理解できず、また現在のところそのことに言及している記事はどこにも見当たりません。

現在出回っている紙幣は日銀が国立印刷局に注文して、注文された枚数だけ印刷されて、それを日銀が紙幣の額面の大きさにかかわらず1枚25円ぐらいで買い取る形になっています。その日銀が1枚25円で買い取った紙幣を政府に渡すときに、額面通りの請求をしてその上に利子をつけますからすごい利益が出ているはずです。

ちなみにアメリカ、イギリス、EU、カナダと日本も含めて中央銀行が扱うのは、紙幣だけです。貨幣は鋳造費が高くつき、金額も張らないので国に扱わせているのが真相でしょう。他の国に関しては資料は見つからなかったのですが、事情は上記5ヶ国と同じだと思います。

日銀が決算書提出を除いて何から何まで米国連銀をまねているということは、連銀に骨の髄まで食い荒らされているアメリカと同じ運命を、日本もたどっていくということになるのでしょうか。

チャベスは、中央銀行を守るために闘った！

国際金融資本家の意向に沿って動いている中央銀行を、自分達の手に取り戻そうとしている代表的な人物がベネズエラのチャベス大統領です。ベネズエラのチャベス大統領は2007年12月2日に、憲法改正の国民投票を実施しました。

主に自分の地位の保全に主眼をおいた大統領権限の強化と、社会主義体制移行を目指したものですが、その中に中央銀行の自主独立を剝奪するという項目が含まれていました。

ちなみにチャベスの目論見は、賛成49、反対51で否決されてしまいました。国民全体から支持されていて常に選挙で勝利していたチャベスですが、初めて民衆からNOと言われたのがかなりこたえたらしく、軍部の高官になだめられるまで怒り狂っていたようです。

銀行家達は、一旦手に入れた中央銀行の独立を簡単には手放さないでしょう。総力を挙げて反対派を動因したものと思われます。

そのことに関連すると思うのですが、この国民投票にNOを投票するために、わざわざニューヨークから飛行機に乗ってベネズエラまで帰るという人のインタビューを、ラジオ局が空港からニュースとして流していました。いったい誰が飛行機代を払ったのか、レポーターに聞いてほしい気がしました。でもここでチャベスが勝利して、中央銀行の独立が取り除かれるか廃止されたりしていたら、即アメリカは適当な理由をつけて、ベネズエラを〝ならず者国家〟リストに加えることは間違いないと思います。

これからの世界情勢を冷静に見ていこうとすると、既存のマスコミが流してくるニュースに頼っていてはどうにもなりません。

既存のマスコミの流すニュースは肝心なことはフィルターにかけられています。国際金融資本家達の都合の良い見方をしたニュースしか流しません。そんなものばかりを見続けていくとむしろ彼らの都合の良い方向に洗脳されていく可能性が大きいのです。

同時多発テロはもう7年前の事件です。政府とマスコミが結託《けったく》して一般市民を騙す目的で、ナチスのゲッベルスも顔負けするほどのたくさんの嘘のニュースを次々に流していたのでした。

金融資本家達も最終的には鉱物資源も含めた全地球、特に全人類を自分達の思うままにコントロールして全人類を家畜化して、自分達が支配層として君臨したいというのが本音のようです。表面上は世界統一のプラスの面ばかり強調していますが、裏には彼らの恐ろしい目的が隠されているという、いつもの得意な手はここでも使われているのです。

マイクロチップを埋め込んで全人類を支配する

最後にアーロンがニコラス・ロックフェラーから聞いた話を紹介して、締めくくりたいと思います。

アーロン・ルッソがニコラスと話したことは多岐にわたりますが、その中に金融資本家達のメンタリティーや考え方が端的に表れている箇所があります。

あるときアーロンはニコラスに、

「君はとっても良い人だと思うけど、君の考え方と僕の考え方とは柵《さく》の反対側に位置していて、まったく違う世界から来ている。僕は人を奴隷のように扱うことは、正しいことは思わない」

と言ったのです。

そのアーロンに対してニコラスは、

「何故奴らのこと（一般民衆）を気にかけるんだい？

貴方にとってそれで何が違ってくるの？

最善の努力をして、自分自身や家族の生活こそ大事にすべきだよ。

他の人達は貴方にとって何の意味もないはずだ。ただの民衆だ」

と反応したのでした。

そしてアーロンがニコラスに、

「君達はお金もあるし地位も名誉もあって、なに不自由なく生活しているのに、これ以上何が欲しいの？」

と聞くと、ニコラスは、

「マイクロチップを体内に埋め込んで、全世界の人間をコントロールすることだ」

と答えたのです。

アーロンはこのときのニコラスの態度を、他人に対する思いやりがまったく欠けていて、ただ冷たさがあるだけだと感想を述べています。この頃にはもう2人の交友は終わろうとしていたのでした。ニコラスの言うマイクロチップには個人の医療、学歴、職歴、犯罪歴、財政記録を始めとして、現在のデビットカード、免許証、パスポート、発信機の役割も将来的には入るそうです。

こんなに多くの個人情報が詰まったマイクロチップが体に入っていたら、病気になって医者にかかったとしても記録はすぐに取れるし、買い物に行くにも手ぶらで行けるし、旅行するにもパスポートの携帯は不要なので、表面的には非常に便利なように思えます。実は全く逆なのです。ましてこのチップに発信機の機能を持たせると、自分の行動がすべて握られて、GPSを使えば居場所もたちどころにわかってしまうのです。

ここアメリカでは、その国民総家畜化がじわじわと進んでいます。現在州政府発行の運転免許証を連邦政府発行に切り替えて、マイクロチップ入りの免許証の交付を2008年の5月から施行する法律がいつの間にやら成立しているらしいのです。

それと同時に、全国民に連邦政府発行のマイクロチップ入りの身分証明書を携帯させようという動きもあるようです。現在発行されている深い青色の表紙の米国パスポートには、確認はできていないのですがすでに発信機が埋め込まれていると聞きました。アメリカはだんだんおかしな方向に動いていっている。これはどこの方角から見ても否定できない事実のようです。

政府に自分のすべてが握られていることが、どういう意味を持つのか。そのあたりのことを垣間見たい人は、ウィル・スミスとジーン・ハックマン主演の1998年封切の映画『エネミー・オブ・アメリカ』をご覧になられることを薦めます。

何事も金融家達のモデルケースのヨーロッパでは、イギリスがIDカード携行の強制を2009年に立法化する動きがあります。フランスでは現在すでに90%の人がIDカードを携帯しているという統計が出ています。

全人類を借金奴隷にして絞り上げていてもまだ足りないらしく、そのうえ人間をペットや家畜並みにしか考えていない。こういう発想は、昔見たSF映画にこれに似たストーリーが出てきた記憶があります。その映画では体内に埋め込まれたマイクロチップから送られてきた信号によって、人間がロボットのようにその命令に従って、行動するようになっているのです。そして何かの拍子に逆らったりするとスイッチを切られるのですが、するとチップから毒が出てきてそれでその人の人生は終わるのです。

私は見ているうちに気が重くなり、途中で見るのをやめてしまったので、その映画の結末は知りません。現実世界をその映画のように向かわせたくありません。アメリカに良識派がまだ存在すると信じ、もし可能ならば彼らに加わって行動して、現在の腐敗した政界がどこまで変わるものか、この目で見ていきたいと思います。

連銀と所得税を廃止するだけでよい

ロスチャイルドを中心とする欧州の銀行家達が200年以上も前からその総力を挙げてアメリカぶち壊しを図ってきました。それにもかかわらずアメリカは南北統一を成し遂げ現在のような繁栄を謳歌するにいたったのです。ひとえにアメリカ建国の父達がヨーロッパの事情を鑑《かんが》みて作り出した建国の理念が素晴らしかったのと、その意思を引き継いだジャクソンを始めとする幾人もの政治家達が、命の危険を顧みずにロスチャイルド達の中央銀行設立の企みをぶち壊してきた成果です。

そのおかげで世界中から優秀な頭脳も含めて、多くの移民がより良い生活を夢見てやってきました。彼らの躍動するエネルギーがこの国に世界一の繁栄をもたらしたと言えるのです。

経済面でも実際に20世紀に入ってからの10年間に、発展を続けるアメリカの実企業が、ビジネス拡大に使った投資金の70%は自己資金を投入したという記録があるほどです。銀行の借り入れや株式市場からの資金調達を必要としなかったという、今日のトヨタみたいな会社がたくさんあったほど、景気はよかったのでした。

それが第1次大戦のはじまる前年の1913年に連邦準備銀行が設立。所得税の徴収が始まってから、すべての歯車がおかしくなりはじめたのです。

連銀設立以来100年近くの年月が経過しているのに、いまだにアメリカが世界唯一の超大国として残っているのは、ひとえにそれ以前の貯金が大きかったためと言えましょう。しかしその貯金も残り少なくなっています。この辺で方向を転換——と言ってもやることは簡単。連銀と所得税を廃止するだけでいい！——させないといけない。もはや取り返しのつかない事態が起きそうなところまできているのです。（了）

あとがき

いかがでしたか。以上のレポートがアメリカの現状です。〝お湯〟の熱さは感じられましたか？　私はアメリカのお湯の熱さに慣れてしまっているのですが、所得税のない社会とは……と考えた途端に沸騰したお湯の中にいるように感じます。

日本の湯加減はいかがですか。残念なことに、日本では累進課税は合憲とされていますから、所得税撤廃の可能性はありません。

余計なお世話かもしれませんが、日銀の隠されたシステムによほど注意しないと、日本人の血税がいたずらに国際金融資本に吸い上げられていくことになりかねません。

本書は徳間書店一般書籍編集部の石井健資編集長のご尽力により、日の目を見ました。また小暮周吾様にも大変にお世話になりました。御両名のおかげで、海のものとも山のものともつかない原稿が大変身を遂げて、出版にまでこぎつけることができました。この場をかりて篤くお礼を申し上げるしだいです。

菊川征司《きくかわせいじ》

菊川征司（きくかわ・せいじ）
観光旅行のつもりで立ち寄ったアメリカの自由な雰囲気に魅了され、在米30年。９・11同時多発テロ以降、重苦しい空気へと急速に変化したアメリカ社会の根源をさぐり、調査を開始。かつて世界中があこがれた豊かな国アメリカの衰退は、国際金融資本家達の私企業たる連邦準備制度設立に端を発することを知らせるべく筆をとる。アメリカ国民に警鐘を鳴らしていた本物の政治家たちの遺志を継ぎ、現在、２作目を鋭意執筆中。

闇の世界金融の超不都合な真実
ロックフェラー・ロスチャイルド一味の超サギの手口

5次元文庫024

初刷　2008年6月30日
2刷　2009年2月25日
著者　菊川征司

発行人　竹内秀郎
発行者　株式会社徳間書店
〒105-8055 東京都港区芝大門2-2-1
電話　編集(03)5403-4344　販売(048)451-5960
振替　00140-0-44392
編集担当　石井健資
印刷　図書印刷株式会社
カバー印刷　近代美術株式会社
製本　ナショナル製本協同組合

ISBN978-4-19-906027-4